Christine Wollowski

Ein Jahr in Brasilien

Christine Wollowski

Ein Jahr in Brasilien

Reise in den Alltag

HERDER

FREIBURG · BASEL · WIEN

*Ich bedanke mich bei Polho, Patrícia
und meiner Schwester Susanne,
ohne die es dieses Buch nicht geben würde.*

MIX
Papier aus verantwortungsvollen Quellen
FSC® C083411
FSC www.fsc.org

Originalausgabe

www.herder.de

Umschlagkonzeption: Agentur R·M·E Roland Eschlbeck
Umschlaggestaltung: Designbüro Gestaltungssaal
Umschlagmotiv: © martinbisof – Fotolia.com

Satz: Dtp-Satzservice Peter Huber, Freiburg
Herstellung: CPI books GmbH, Leck

Printed in Germany

ISBN 978-3-451-06861-4

Inhalt

Prolog

Alles, was ich jetzt hier lasse, liegt morgen weit hinter mir. Genauer gesagt 7000 Kilometer, denn morgen fliege ich nach Brasilien. Nicht für ein paar Urlaubswochen, sondern für ein ganzes Jahr: Wie soll ich da jetzt schon wissen, was ich alles brauchen werde? Auch nach dem dritten Mal Aussortieren schaffe ich es einfach nicht, unter den erlaubten 32 Kilo zu bleiben. Dabei packe ich seit dem frühen Abend, und bald ist es Mitternacht.

Schuld ist im Grunde der Papayabaum im Garten meines Cousins. Vor ein paar Monaten saßen wir in einer Münchner Kneipe beim Caipirinha, als Peter plötzlich anfing, von diesem Papayabaum zu erzählen. Wie prall und duftend daran die Früchte sozusagen direkt auf seinen Frühstückstisch wüchsen. Peter hat ein Ferienhaus auf einer brasilianischen Insel.

Plötzlich war alles wieder da. Der Duft der Früchte. Die Schreie der Bem-te-vi-Vögel. Das Türkisblau des Meeres. Der weiche Singsang der Sprache. Nach dem Studium bin ich ein paar Monate durch Brasilien gereist. Bin an endlosen Stränden entlanggewandert und mit Fischern aufs Meer gefahren. Habe in einer Holzhütte am Amazonas meinen ersten Tropenregen erlebt und meinen ersten Piranha geangelt. Ich habe mich so zuhause gefühlt, als hätte ich schon ein ganzes Leben in diesem Land verbracht. Dann war irgendwann das Geld alle, ich fuhr zurück, fing an zu arbeiten, die Erlebnisse verblassten. Bis zu diesem Moment, als Peter so ausgiebig von seiner Papaya schwärmte. Andere hätten sich vielleicht am nächsten Tag auf dem Viktualienmarkt eine Papaya gekauft. Ich habe ein Ticket nach Brasilien gebucht.

Ich hatte endlich den Grund gefunden, nach dem ich seit Jahren suchte. Ein wirklich gutes Argument, um auszusteigen. Nicht aus der Zivilisation an sich, nur aus einer extrem bequemen und ein wenig langweiligen Berufssituation. Ich hatte einen gut bezahlten Vertrag voller Freiheiten und machte jeden Monat mehr oder weniger das Gleiche. Innerlich vertrocknete ich. Ich wollte endlich Neues lernen, erleben, erobern. Gleichzeitig hatte ich Angst vor dem Unbekannten und dem Verlust der Sicherheit. Es ging mir nicht darum, einen anderen, besseren Job zu finden, ich wollte ein anderes Leben. Das würde ich in Brasilien mit Sicherheit finden.

Eigentlich glaube ich, dass ich in Brasilien auf gewisse Weise nach Hause komme. Immerhin bin ich in das Land verliebt, seit ich zwölf bin. Auch daran ist übrigens mein Cousin beteiligt. Damals waren Reisen nach Brasilien noch sehr exotisch und Peters erste ein ziemliches Abenteuer. Er kam mit einem Stapel LPs und Fotos im Gepäck zurück. Die Wälder und Strände auf den Bildern waren sämtlich ein paar Nummern größer als alles, was ich bis dahin gesehen hatte. Spätestens als ich die Sambaplatten hörte, war für mich klar: Das Land musste ich kennenlernen! Zum ersten Mal hingefahren bin ich dann mehr als ein Jahrzehnt später.

Seitdem sind schon wieder zehn Jahre vergangen, und jetzt will ich Brasiliens Alltag entdecken. Vom Leben im Ausland habe ich schon als Schülerin geträumt. Habe mich in der zehnten Klasse für einen Austausch nach Kanada beworben, aber keinen Platz bekommen. Nach dem Abi bekam ich dann zu schnell einen Platz – an der Uni.

Der Abschied ist nicht schwer, schließlich fahre ich nicht für immer. Ein Jahr ist kurz genug, dass ich mich anschließend in München wieder zurechtfinden kann, und gleichzeitig zu lang, um den bequemen Job zu behalten. Wenn die verflixten 32 Kilo nicht wären, könnte ich jetzt schon die Leichtigkeit der neuen Freiheit spüren. Kurz entschlossen packe ich alle warmen Pullover aus und verzichte darauf, noch einmal zu wiegen. Immerhin ist Brasilien das Land des Jeitinho, in dem es immer mindestens eine Lösung neben der offiziellen gibt. Warum sollte das fürs Übergepäck nicht auch gelten?

Juni

Der Lebensrhythmus ist anders hier auf dem Dorf in den Tropen. Mitten in der Nacht beginnen die Hähne der Nachbarschaft ihr Morgenkonzert. Kurz darauf fangen die Nachbarinnen an, ihre Stimmen zu erheben. Daran gewöhne ich mich schnell, drehe mich genüsslich noch einmal um und ziehe mir das Laken, das mir als Decke dient, über den Kopf. Am Abend ist die Sache nicht ganz so einfach. Kaum bemerke ich, dass es dämmert, bricht ohne Umweg über einen romantischen Sonnenuntergang auch schon schwarze Nacht aus. Um sechs Uhr abends. Da kann ich doch noch nicht schlafen gehen!

Meine Nachbarn sehen TV. Nicht erst ab acht Uhr, wie in Deutschland üblich. Tägliche Soaps gibt es mindestens vier, und die erste fängt schon am frühen Nachmittag an. Ich habe keinen Fernseher und will eigentlich auch keinen. Aber alle langen Abende allein zuhause verbringen, ist mir auch etwas einsam. Heute hat mich Vera eingeladen, mit ihr die Acht-Uhr-Serie zu gucken, die soll ganz besonders toll sein. Vera ist vielleicht Ende zwanzig, hat zwei Söhne um die zehn, einen Ehemann, der ständig unterwegs ist, und ein so freundliches Lächeln, dass sie mir auf Anhieb sympathisch war, als ich angekommen bin. Ein Fernsehabend bei Vera ist vielleicht nicht das Schlechteste. Immerhin gehören die Novelas zu Brasiliens Alltagskultur, und außerdem lerne ich meine Nachbarin so ein bisschen besser kennen als bei unseren Kurzgesprächen am Gartenzaun.

Ich kaufe ein paar Cracker für meinen Besuch und klatsche pünktlich um acht vor Veras Terrasse laut in die Hände.

Klatschen ersetzt hier die Klingel, die ohnehin niemand besitzt. Wie wohl Veras gute Stube aussieht? Ihr Haus ist nach deutschen Verhältnissen eher ein Rohbau: die Ziegelwände unverputzt, das Dach mit Eternitplatten gedeckt. Tatsächlich besteht auch der Wohnzimmerfußboden aus grobem Estrich. Darauf drängen sich allerdings ein riesiges und ein kleineres Sofa mit neuem Überzug sowie mehrere Plastikstühle vor dem Herzen des Hauses: einem neuen 32-Zoll-Flachbild-TV. Die Polstermöbel sehen ein bisschen so aus, als wären sie für Besuch reserviert. Vera hat mich wie einen Ehrengast in der Mitte des großen Sofas platziert, hockt selbst aber nur ganz am Rand. Liebevoll bemüht, es mir gemütlich zu machen, springt sie alle paar Minuten auf. Um mir noch einen Kaffee einzugießen. Um mir ein Glas Wasser zu holen. Oder, um das Bild am Fernseher noch besser einzustellen. Vielleicht hat sie es beim Zuckern des Kaffees auch besonders gut mit mir gemeint – das Getränk ist so süß wie ein Bonbon, und ich weiche unauffällig eine Menge Cracker darin ein, um es besser hinunterzubekommen. Gleichzeitig versuche ich, das Geschehen auf dem Bildschirm zu verstehen: Langmähnige Frauen und muskulöse Männer in teurer Kleidung beschimpfen sich in edel eingerichteten Wohnungen, rauschen wütend in schicken Autos davon oder sitzen diskutierend in Restaurants. Für mich sehen die glatten, gepflegten Gesichter alle gleich aus, und wenn endlich halbwegs ein Handlungsstrang erkennbar wird, folgt garantiert eine Werbepause. Ganz schön anstrengend. So ein Epos entwickelt sich über mehrere Monate, in denen sich mindestens ein Dutzend Menschen miteinander verstricken. Vera lacht nachsichtig. „Ist gar nicht schwer“, sagt sie, und erklärt: „Paulo ist der Exmann von Ana, gleichzeitig der Verlobte von Luisa und der leibliche Vater von Doras Adoptivtochter, die wiederum in den Sohn von Ana verliebt ist.“ So in etwa. Ich hoffe, im wirklichen

Leben sind die brasilianischen Verhältnisse nicht ganz so kompliziert.

Dafür, dass ich erst zehn Tage auf der Insel bin, habe ich mich schon gut orientiert. Habe gelernt, dass es im Supermarkt von Lucy das frischste Gemüse und eine gut sortierte Kosmetikabteilung gibt. Und dass nur deswegen keine gefrorenen Hühnerteile im Gefrierregal liegen, weil Lucy auf Wunsch à la minute Hühner schlachtet. Das gerupfte Tier bekommt die Kundin dann in einem Frischhaltebeutel, in dem auch die Krallen und der Kopf nicht fehlen. Sogar das Blut ist in einem kleinen Extrabeutel dabei. Wofür das wohl gedacht ist? Ich halte mich bisher lieber an Fisch, den es ebenfalls frisch und hübsch sauber ausgenommen bei Lucy gibt.

Manchmal fühle ich mich schon fast zuhause. Die Wege zum Supermarkt und zum Strand sind mir vertraut, einen Internetanschluss habe ich beantragt, und auf der Straße werde ich erstaunlich oft gegrüßt. Manche der Grüßenden kommen mir sogar bekannt vor. Vera ist nach der Novela noch mehr aufgetaut, erzählt über ihre Kinder und den Ehemann und sagt jedes Mal, wenn ich mich verabschieden möchte: „Aber es ist doch noch früh!" Als ich um zehn Uhr gehe, weil sie die Kinder ins Bett bringen will, bin ich trotzdem nicht sicher, ob das jetzt der Beginn meiner ersten brasilianischen Freundschaft ist oder nur ein belangloses Plaudern unter Nachbarinnen.

Die Nacht ist lau, der Kaffee war stark, und außerdem ist heute Samstag – ich könnte mal gucken, was am Dorfplatz so los ist. Der Mond leuchtet silbern über den Häusern, und der weiche Boden des ungepflasterten Wegs gibt sanft unter meinen Flipflops nach. Als ich auf die asphaltierte Hauptstraße einbiege, trägt mir der Wind Gitarrenmusik entgegen. Vor der Kneipe Maresias, die ich tagsüber immer nur mit Gittern verrammelt gesehen habe, sitzt jetzt ein schlaksiger Sänger auf einem Barhocker. Er spielt ein Stück, das ich kenne! „Marina morena“ erzählt von der dunkelhäutigen Marina, die sich doch bitte nicht schminken möge, weil sie schon mit dem, was Gott ihr gegeben habe, schön genug sei. Ich setze mich an einen der Plastiktische und merke, dass ich Hunger habe, nach den Crackern mit Kaffee. Der Kellner guckt mich etwas seltsam an und fragt, ob ich mit der Bestellung nicht noch warten wolle. Nein, ich hätte mein Krebsfleisch in Kokossauce gern so schnell wie möglich! Erst als der Mann etwas zögernd den Rückzug antritt, ahne ich, was er gemeint hat: Frauen sind nicht allein unterwegs im Inselnachtleben. An den anderen Tischen jedenfalls sind entweder Paare oder Männerrunden zu sehen.

Mir sind so einige Dinge gar nicht aufgefallen, bei meinen Reisen. Erst als ich nach Brasilien gezogen bin, habe ich gemerkt, dass die Frauen zwar unglaublich knappe Bikinis tragen, aber niemals oben ohne gehen würden. Oder dass ich hier im Nordosten ständig überall die weißeste Person und damit ziemlich auffällig bin. Oder dass es die Cafés, in denen ich in meiner Vorstellung Nachmittage lesend verbringen würde, hier auf der Insel gar nicht gibt. Strandkneipen, die vor allem am Wochenende öffnen und eiskaltes Bier servieren, gibt es. Frische Fruchtsäfte mancherorts. Na, und abends offenbar eine Männergesellschaft. Immerhin starrt mich niemand an.

Ich fühle mich ein wenig unbehaglich und freue mich, als ich den freundlichen Mann aus dem Internetcafé erkenne, der mir von einem anderen Tisch aus zuwinkt. Dazusetzen mag ich mich lieber doch nicht: Die Jungs, mit denen er unterwegs ist, haben unter ihrem Tisch schon eine ganze Batterie geleerter Flaschen liegen. Was konsumiert wird, ist an diesem Haufen abzulesen, der einfach liegen bleibt, bis die Rechnung gezahlt ist. Ich verzichte auf alkoholbeschwingte

Gespräche, lausche weiter der Musik und sehe zu, wie der Wind mit den Blättern der uralten Gameleira-Bäume spielt.

Dann klappern Hufe auf dem Asphalt. Zwei Reiter springen aus dem Sattel, binden ihre Pferde an einen Laternenpfahl und setzen sich an einen Tisch. Sie sehen aus wie aus einem Western entstiegen: Einer der beiden trägt ausgetretene Stiefel, Sporen und ein kariertes Hemd, der andere Schnurrbart und einen Schlapphut. Stilecht bestellen sie Cachaça in Wassergläsern und dazu eine kleine Flasche Cola, mit der sie den Zuckerrohrschnaps nur unwesentlich verdünnen. Kurz darauf betritt ein kleiner gedrungener Mann in ausgebeulten Bermudas und Badeschlappen die Szene. Leicht wankend tappt er an den Tisch der Cowboys und scheint sie zu beschimpfen. Die beiden machen beschwichtigende Gesten, aber der Kleine wird immer wütender. Bis der Kleine etwas Glänzendes aus seiner Hosentasche zieht und damit wild herumschwenkt. Mir wird schwummrig im Magen: Das Glänzende ist eine Pistole. Mit seinen großen und schwammigen Gesten bringt mich der Betrunkene alle paar Sekunden in die potentielle Schusslinie.

Natürlich weiß ich, dass in Brasilien Kriminalität existiert. Die Mordrate liegt 37 Mal höher als in Deutschland. Direkt begegnet ist mir die Gewalt bisher nicht.

Am liebsten möchte ich weglaufen. Aber dann müsste ich an dem Betrunkenen vorbei. Höre ich gerade das Blut in meinem Kopf rauschen oder ist das noch das Meer? Nach einer Minute oder ein paar Sekunden tritt entschlossen der Kneipenbesitzer an den Tisch der drei. Wie ein menschlicher Wall stellt er sich zwischen den Revolvermann und die Cowboys. Wenn jetzt ein Schuss losgeht, ist es aus mit ihm. Sérgio redet beruhigend auf den Bewaffneten ein. Er redet und redet. Bis der andere seine Waffe wie in Zeitlupe in seinen Hosenbund schiebt, sich umdreht und unsichere Schritte in die entgegengesetzte Richtung macht. Ich merke, dass ich die ganze Zeit den Atem angehalten hatte. Da dreht der Mann sich um und schimpft wieder los. Mein Atem stockt erneut. „Geh nach Hause“, ruft Sérgio ihm freundlich, aber bestimmt zu. Der Mann zögert, dann setzt er sich in Bewegung, bis er langsam aus meinem Blickfeld verschwindet.

Als sei nichts geschehen, greift der Sänger wieder zur Gitarre und stimmt einen neuen Song an. Die Cowboys bestellen noch einen Schnaps. Die Blätter der Bäume rascheln immer noch im Wind. Alles scheint genau wie vorher und niemand sonderlich beeindruckt. So ein bisschen Wildwestromantik hatte ich mir ja auch vorgestellt, als ich beschlossen habe, mein Brasilienjahr auf einer kleinen Insel im Nordosten des Landes zu beginnen. Itamaracá liegt vierzig Kilometer nördlich der Metropole Recife, hat weiße Sandstrände und türkisblaues Meer, Kokoshaine und Mangrovenwälder. Mein Cousin besitzt auf der Insel ein Ferienhaus, und ich habe schnell ein günstiges kleines Häuschen mit Garten zur Miete gefunden. Nur ein paar Minuten zu Fuß von Dorfplatz, Strand und Geschäften entfernt. Alles überschaubar und leicht kennenzulernen, habe ich gedacht. Ich habe mir vorgestellt, endlos am Strand zu wandern, zu Pferd über die Insel zu streifen, in Cafés zu sitzen und mich bald mit Nachbarn anzufreunden. Mit Waffengewalt habe ich nicht gerechnet.

Am nächsten Tag bleibe ich zuhause. Knüpfe meine Hängematte hinten im Garten an den beiden Kokospalmen auf und schaukele unterm blauen Himmel. In meinem Gartenteich blühen violette Blüten, die Hyazinthen ähneln. Als ich gerade eine pflücken will, um sie auf meinen Tisch im Wohnzimmer zu stellen, beugt sich Vera über den Zaun: „Die sind hübsch, nicht wahr“, sagt sie, „aber Cacau sagt, dass sie nur in verschmutztem Wasser richtig gedeihen.“ Cacau ist Veras Mann, und was er sagt, ist Gesetz. Er ist ein paar Jahre älter als sie, hat mehr Schulbildung, und außerdem ist er ein Mann. Gestern hat Vera mir zum ersten Mal gestanden, dass sie es nicht immer toll findet, was er alles für sie mit entscheidet. Gleichzeitig bedauert sie mich, weil ich sehr einsam sein muss, so ganz ohne Partner.

Manchmal fühle ich mich tatsächlich ein wenig einsam, aber im Vergleich zu Vera auch enorm frei und emanzipiert. Heute zum Beispiel koche ich erst abends und kaufe die Zutaten für meine Pizza ganz luxuriös bei Joselito. Joselito ist der Herrscher über einen schummrigen Laden in der Nähe, und er hat schon oft mein Abendessen gerettet. Offiziell schließt sein Geschäft irgendwann gegen sieben Uhr abends, doch solange Joselito wach ist, holt er aus den Tiefen seines Reichs immer noch hervor, was mir gerade fehlt. So viel Service hat natürlich seinen Preis – aber den kann ich in einem kleinen Notizblock anschreiben lassen. Als ich gerade mit Käse, Mehl und Hefe auf dem Heimweg bin, höre ich aus einer dunklen Gasse eine sehr rhythmische Musik, die mit Samba und Co. rein gar nichts zu tun hat. Hört sich eher nach Polka an. Was mag da los sein?

Vor einem unbewohnten Ferienhaus hat jemand eine Oberleitung angezapft und an einem Draht quer über die Sandgasse eine Reihe Glühbirnen angebracht, die leise im Nachtwind tanzen. Am Wegesrand steht ein kräftiger Mann hinter einer professionell wirkenden Soundanlage und lässt aus mannshohen Boxen leicht verzerrt Musik dröhnen. Dazu tanzen vielleicht zwei Dutzend Kinder und Jugendliche. Die Jungs tragen karierte Hemden und Strohhüte und die Mädchen weite Röcke mit Rüschenvolants, Glitzer-T-Shirts oder weiße Rüschenblusen. Manche stöckeln in viel zu großen Schuhen herum, andere tanzen barfuß im Sand. Manchmal drehen sich die Paare umeinander wie in einem Reigen, dann wieder formiert sich die ganze Gruppe zu einem geometrischen Gesamtbild. Toll sieht das aus und vollkommen unwirklich in der verlassenen Dorfstraße. Erst mein knurrender Magen erinnert mich irgendwann an meine Pizza.

Am nächsten Morgen sehe ich, wie mein Nachbar Dico eine riesige Soundanlage in seinem Garten sortiert. Er war das also, der gestern die Musik gemischt hat! „Kennst du São João nicht?“, fragt er mich ungläubig zurück, als ich ihn frage, was der Tanz gewesen sei. Bei der Johannisfeier „São João“ treten Tanzgruppen, „Quadrilhas“, gegeneinander an, erklärt er. Und gestern hätte eben die Quadrilha unseres Viertels geprobt. Johannisfeier? So etwas habe ich zuletzt als Kind erlebt, als wir bei Verwandten auf dem Bauernhof zu Besuch waren und dort ein Johannisfeuer angezündet wurde. Wie mag das in Brasilien funktionieren? Feuer gehören auch dazu, bestätigt Dico, und Quadrilhas und Samba de Roda und natürlich Forró. Überhaupt sei São João viel besser als jeder Karneval! Das klingt spannend. Doch Dico erzählt nichts mehr, sondern dreht sich zu seinen Hühnern um, streut ihnen ein paar Maiskörner hin und geht in sein Zehn-Quadratmeter-Haus, die Anlage anstellen.

Ich werde mich bei Vera genauer erkundigen. Sie ist so etwas wie meine Lehrerin in brasilianischer Alltagskultur, meine Vertraute und Beinahe-Freundin. Vera hat mich als Erste besucht, als ich eingezogen bin, leiht mir freigiebig Mixer, Blätterharke oder Spaten und hat immer Zeit für mich. Ich nenne sie trotzdem nur Beinahe-Freundin, weil mir ihre Neugier manchmal etwas suspekt ist. Ich bin mir nicht ganz sicher, ob sie womöglich den anderen Nachbarn nach ihren Besuchen bei mir haarklein berichtet, was sie gesehen hat. Das muss in ihren Augen ziemlich exotisch sein. Statt riesigem TV-Möbel habe ich ein Bücherregal im Wohnzimmer stehen. Korbstühle statt Plastik. Keine Stereoanlage, kein TV und nicht einmal einen Ventilator.

Dass ich freiwillig auf die hiesigen Statussymbole verzichte, ist sicher schwer zu verstehen, denn für Vera und Cacau sind sie sehr wichtig. Cacau verdient bei der Polizei gerade mal den gesetzlichen Mindestlohn, aber seine beiden Söhne besuchen eine Privatschule, alle vier Familienmitglieder besitzen Smartphones, und die Anlage auf dem Regal ist so gewaltig, dass ich froh bin, sie noch nie in Aktion erlebt zu haben. Sein persönliches Lieblingsobjekt hat Cacau gerade auf den Rasen vor dem Haus gerollt: einen blitzblanken Fiat Uno, den er hingebungsvoll mit Polituren aus zwei verschiedenen Fläschchen noch ein bisschen blanker putzt. Dem Uno gehört mehr als die Hälfte von Cacaus und Veras Terrasse. Da steht er die ganze Woche unter einer Plane verborgen, heute am Sonntag wird er vorsichtig heruntergerollt, sorgfältig gewienert und dann wieder hochgeschoben. Ob er auch manchmal angelassen oder gar ausgefahren wird, weiß ich nicht. „Das Ding zahlen wir noch mindestens zwei Jahre lang ab", erklärt mir Vera, nachdem Cacau zur Arbeit aufgebrochen ist. „Ich hätte lieber einen richtigen Fußboden."

Meine Nachbarin auf der anderen Seite heißt Esmeralda und hat keinen Mann, dafür aber einen tollen Fußboden: blendend weiße Kacheln im ganzen Haus. Esmeralda ist die Wohlhabende unserer Straße. Ihr Haus ist am größten, ihre Kacheln sind die neusten. Die Gitter an ihren Fenstern und vor der Terrasse sind frisch gestrichen und der Rasen vor dem Haus ist peinlich kurz gehalten. Jeden Tag bekämpft Esmeralda mit einem struppigen Besen einzelne Blätter, die in ihr perfektes Grün gefallen sind. Das dauert eine Weile und ist eine gute Gelegenheit, sich mit mir zu unterhalten. Ich bin etwas nachlässiger in der Gartenhygiene, dafür schaukele ich zu gern in der Hängematte auf meiner mit Palmstämmen begrenzten Terrasse. Esmeralda war früher Lehrerin und bringt auch mir noch einiges bei. Zum Beispiel, dass Vera und Cacau eigentlich aus einem Slum stammen und man das unter anderem an ihrer Sprache merkt. Wie peinlich: Ich hatte gerade angefangen, die gedehnte, etwas verwaschen klingende Aussprache von Vera zu imitieren, weil sie in meinen Ohren so besonders einheimisch klang.

Esmeralda erklärt mir auch, was es mit meinem Lieblingsnachbarn auf sich hat. Der ist fünf Jahre alt, heißt Polho und sitzt meistens schon vor meinem Haus im Gras, wenn ich morgens die Tür aufmache. Auch seine Familie stamme aus einem Slum in Recife, und seine Mutter habe von dort ein halbes Dutzend Kinder von ebenso vielen Männern mitgebracht, bevor sie kürzlich an Krebs verstorben sei. Jetzt habe ihre Schwester den Nachwuchs am Hals. „Auch nicht leicht", Esmeralda schüttelt mitleidig den Kopf, verwandelt das Mitleid aber sogleich in Strenge, als sie fortfährt: „Aber wenn man auch jeden Centavo gleich in Alkohol umsetzt ... Und dieser junge Typ, der da dauernd zu Besuch ist, ob sie mit dem was hat?" Sie guckt mich so auffordernd an, dass klar wird: Hier ist mein Einsatz gefragt. Aber ich kann noch lange nicht mitreden, und außerdem kommt gerade Polho angetrabt. Mit einem Schreibheft unterm Arm und erwartungsvollem Blick: „Cristina! Kannst du mir meine Hausaufgaben erklären?" Ich? Nie Lehrerin gewesen, noch dazu frisch zugezogene Deutsche, die keinesfalls perfekt Portugiesisch spricht? Ich gucke zweifelnd, aber Polho lässt sich nicht beirren. „Bitte", sagt er, „erklär mir meine Hausaufgaben!" Also male ich seitenweise mit ihm Spazierstöcke und Kreise, Striche und Punkte. Als wir fertig sind, fragt er: „Und was machen wir jetzt?" Blumen gießen, entscheide ich, und Polho ist genauso eifrig bei der Sache wie vorher beim Schreiben. „Na, da hast du ja schon einen Sohn gefunden", kommentiert Esmeralda neugierig hinter ihren Terrassengittern.

Sie selbst hat sich mit sechzig einen Adoptivsohn zugelegt, „zur Gesellschaft“, sagt sie. Das sei ganz einfach gewesen. Schwangere Frauen, die ihre Kinder nicht aufziehen könnten oder wollten, gebe es genug. Und dann habe sie den Jungen einfach als ihren Sohn registriert. Der Sohn heißt Diego, und sieht mit seiner Afrokrause und der dunklen Haut der hellen Adoptivmama ungefähr so ähnlich wie Polho mir. Er ist ein stilles, verschüchtertes Kind, das jeden Tag stundenlang zum Lernen angehalten wird. Regelmäßig höre ich die strenge Stimme von Esmeralda laut werden. „Wie kann man nur so dumm sein!“, ruft sie erbost. „Soll ich dir mit dem Lineal eins überziehen, damit du es endlich kapierst!“ Esmeraldas Wohnzimmer ist nur wenige Meter von meinem entfernt, es klingt, als schimpfe sie auch mit mir. Soll ich sie darauf ansprechen? Ich berate mich mit Vera. „Ja, das ist wirklich schlimm, wie sie den Kleinen behandelt“, sagt sie, „aber ich habe mich nie eingemischt, weil ich befürchte, dem Jungen geht es nachher noch schlechter.“ Vermutlich hat sie Recht, und ich als Neuzugezogene habe schlechte Chancen, Esmeraldas Erziehungsmethoden zu beeinflussen. Mit schwerem Gewissen mache ich mich auf den Weg zum Strand: Da muss ich die Tiraden wenigstens nicht hören.

So schön die Insel Itamaracá ist, ihre besten Tage hat sie wohl schon hinter sich. An den Stränden müffeln gelegentlich Algen, in den ungepflasterten Straßen klaffen Löcher, unter manchen Kokospalmen wartet Müll auf eine ewig verspätete Abfuhr. Sogar die einst sicher adretten Feriensiedlungen mit Blumen in den Vorgärten zeigen mangels Pflege eine gewisse Schrammeligkeit. Ausländische Besucher finden kaum hierher, brasilianische Besucher umso zahlreicher, vor allem am Wochenende. Die Insel ist eines der Naherholungsgebiete für die Millionen Menschen im Ballungsraum rund um Recife, und am Wochenende kosten die öffentlichen Busse nur die Hälfte.

Ich laufe direkt an der Wasserlinie, lasse mir die Beine von Gischt besprühen und gucke mir die Wochenendausflügler an. Sie haben Kühlboxen aus Styropor mit Bier mitgebracht und grillen auf kleinen Holzfeuern direkt im Sand ihr Essen dazu. Kinder werfen sich mit neonbunten Badenudeln ins flache Wasser oder hechten im tiefen Sand einem Fußball hinterher. Jeder Strandabschnitt ist anders besiedelt. Zuerst kommen die Familien mit Sonnenschirmen und viel Gepäck. Dann folgt eine Reihe Kneipen mit lauter Musik und bunten Tischen, beliebt bei jungen Paaren und Gruppen. Am Ende stehen mit Palmwedeln gedeckte Fischerhütten. Ich gehe weiter bis in die Einsamkeit, wo sich Strandgras im Wind wiegt und sanfte Wellen im leuchtend türkisblauen Wasser schäumen. Ein paar Schäfchenwolken stehen am hellblauen Himmel. Noch weiter hinten entdecke ich Felsformationen, auf denen es sich prima klettern lässt. Und ganz am Ende, wo ein Fluss sich breit im Meer auflöst, steht eine winzige Bude aus Schwemmholz, davor ein Sonnenschutz aus einem alten Segel und selbstgezimmerte Hocker. Hier gibt es weder einen Wasseranschluss noch Strom; keine Musik stört das Rauschen der Wellen und des Windes. Leider lässt sich ohne Mixer auch kein frischer Fruchtsaft herstellen. „Nimm doch eine grüne Kokosnuss", rät mir der schlaksige Kellner. Das Wasser darin ist süß und frisch. Ich bestelle dazu einen Fisch und stürze mich ins badewannenwarme Meer. Lasse mich mit der Strömung abtreiben, schwimme wieder zurück und treibe erneut ab. Dabei beobachte ich den Jungen, höre sein Lachen im Gespräch mit anderen Gästen, sehe seinen tanzenden Schritt. Ob er je etwas anderes getragen hat als flatterige Shorts und Flipflops? Ich habe mir nie vorher darüber Gedanken gemacht, dass Jeans und Turnschuhe beengende Kleidungsstücke sein könnten. Seit ich hier bin, trage ich selbst nur noch Flipflops und Flatterkleider – genau das Richtige auf einer Insel mit 20 000 Einwohnern. Eine brasilianische Metropole wäre mir zu viel gewesen. Zu viel Lärm, zu viel Unordnung, zu viel Verkehr, Gewalt und Stress. Ich steige aus dem Wasser und setze mich zum Trocknen auf einen der sonnenwarmen Felsen, bis der Junge mir zuwinkt. Mein Essen ist fertig. Knusprig gebratener, goldroter Fisch, dazu von Hand geschnittene Pommes, ein paar Salatblätter, Tomatenscheiben und Limette. Kann ein Sonntag schöner sein?

Die neue Einfachheit in meinem Leben genieße ich sehr. Ich kann alle Wege zu Fuß erledigen und bin fast 24 Stunden am Tag an der frischen Luft, die so sauber ist wie bei uns vielleicht noch an der Ostsee. Das Verhältnis von Arbeit zu Freizeit hat sich so positiv verschoben, wie ich es mir in Deutschland gar nicht hätte vorstellen können.

Andere Dinge sind überraschenderweise weniger simpel. So beschäftige ich – sonst eher mäßig eitel – neuerdings eine persönliche Schönheitsassistentin! Seit ich in Brasilien gelandet bin, habe ich mich nahezu struppig gefühlt neben all den geschminkten Lippen, geföhnten Haaren und lackierten Nägeln. Deutschland liegt weit hinter mir, und für die Durchschnitts-Brasilianerin sind offenbar selbst auf einer kleinen Insel nicht nur Smartphone und Novela unverzichtbar. Auch perfekt geschnittene und geglättete Haare auf dem Kopf, perfekt entfernte Haare am restlichen Körper und mindestens einmal wöchentlich in Form und Farbe gebrachte Nägel an Händen und Füßen gehören zur Mindestausstattung.

Ein Smartphone habe ich noch nicht. Meinem ersten Novela-Abend ist bislang kein zweiter gefolgt. Aber bei Patrícia bin ich gleich nach ihrem ersten Besuch Stammkundin geworden. Patrícia trägt ihre zwanzig Kilo Übergewicht ebenso kokett wie die farblich auf die Fingernägel abgestimmten roten Locken und hat eine unerschütterliche gute Laune.

Jeden Freitag besucht sie mich auf meiner Kokosterrasse. Schweiß perlt auf ihrer glatten Stirn, wenn sie die Hornhaut von meinen Füßen schmirgelt. „Wann wirst du endlich aufhören, so viel barfuß zu laufen", stöhnt sie, „du hast bald keine Füße mehr, sondern Hufe!" Sie pinselt meine Nägel sorgfältig in Pink, Lila oder Blau an, massiert sanft meine Füße und rupft mir dann weniger zart die Haare von den Beinen. „Das kann doch gar nicht weh tun, bei dem bisschen Flaum", behauptet sie, „du hast ja keine Ahnung, welchen Urwald ich bei manch anderer Kundin roden muss!" Zum Schluss packt sie mir eine Kur auf die von Sonne, Wind und Meer strapazierten Haare und erzählt mir während der Einwirkzeit den neuesten Inselklatsch.

Den lasse ich meist an mir vorbeiplätschern, denn er erinnert mich an die Wirrungen der Telenovela. Heute erklärt mir Patrícia, dass in der letzten Nacht in einer der Nachbarstraßen eingebrochen worden sei. Hat sie in ihrer Lieblingssendung gesehen. Darin berichtet ein ehemaliger Polizeibeamter in strengem Stakkato über Verbrechen gleich um die Ecke. Wohlig schaudernd räkeln sich die Zuschauer dann auf ihrem Sofa, freuen sich, dass es sie nicht erwischt hat, und gehen möglichst gar nicht mehr vor die Tür. Ich habe die Sendung keine fünf Minuten ausgehalten. „Bestimmt Knackis", urteilt Patrícia. Knackis? Die sitzen doch? „Von wegen", berichtigt sie. Das Gefängnis der Insel sei so ein fortschrittliches, das seine Insassen mit großzügigem Freigang belohne. „Und den nutzen sie wofür? Um uns Insulaner zu berauben!" Sie redet sich richtig in Rage. Ihr wenig überraschendes Fazit: Man könne kaum noch auf die Straße gehen, bei all der Gewalt.

Aber an diesem Wochenende ist Johannisfest! Meine Nachbarn Vera und Cacau haben zwar nichts gegen das Fest, finden Ausgehen aber prinzipiell auch problematisch, schließlich haben sie im TV erfahren, dass jede Stunde fünf Brasilianer durch Feuerwaffen umkommen. Als ich mir die entsprechende Statistik im Internet genauer ansehe, lese ich: Die meisten Opfer von Gewalttaten sind männlich, unter 25 und schwarz. Ermutigende Nachrichten.

Sicherheitshalber leihe ich mir für den großen Abend ein Pferd. Erstens wollte ich sowieso gerne reiten auf der Insel. Zweitens ist ein Pferd praktisch, weil ich damit nicht nur das Fest bei uns am Dorfplatz besuchen kann, sondern auch die mit Palmwedeln gedeckten Hütten in den Hintergassen, wo laut Patrícia noch traditioneller Samba gespielt und getanzt wird. Und außerdem kann ich mich im Zweifelsfall zu Pferd schneller aus dem Staub machen. Patrícia hat mich zwar zuerst für verrückt erklärt, aber als sie gemerkt hat, dass ich es ernst meine, hat sie mir über einen Cousin ein Pferd vermittelt. Der hat mir das Tier schon morgens ohne viel Aufhebens an meinen Zaun gebunden: ein braunweißer Schecke mit langer Mähne und sanften Augen. „Morgen hole ich ihn wieder ab, es reicht, wenn du ihm bis dahin einen Eimer Wasser gibst", sagt sein Besitzer.

Pferde liebe ich, seit ich laufen kann. Jahrelang habe ich auf einem Ponyhof ausgeholfen, um dafür reiten zu können. Die deutschen Pferde, die ich kenne, sind gepflegte Freizeitgefährten, die für jeden Schritt extra ein Leckerli bekommen. Hier ist eher Wilder Westen angesagt, und Pferde sind bestenfalls Kumpel bei der Arbeit, sie ziehen Karren mit Schutt oder Baumaterial durch die Straßen, tragen ihre Besitzer durch die sengende Hitze und warten dann am Straßenrand, bis sie wieder gebraucht werden. Ich spendiere meinem neuen Freund trotzdem zum Wasser eine Tüte Haferflocken.

Cacau hat in den letzten Tagen einen beachtlichen Scheiterhaufen am Straßenrand aufgeschichtet. Als es dämmert, setzt er ihn in Brand und lädt mich ein, Maiskolben am Feuer zu rösten. Im Juni ist Maisernte im brasilianischen Nordosten, deswegen gibt es an São João Maisflocken gedämpft als Couscous, weißen Mais in Kokosmilch gekocht als Canjica, Maispudding, geröstete oder gekochte Maiskolben und Kuchen aus Maismehl. Ich knabbere mit Vera, Cacau und den anderen ein paar der süßlichen Körner, dann verabschiede ich mich trotz aller „Willst du wirklich los?"- und „Bleib doch einfach hier"-Einwände. Schiebe den letzten Kolben meinem Pferd ins Maul und schwinge mich in den Sattel.

Die Trommeln des Côco höre ich schon von weitem. Côco heißt Kokosnuss, und ich habe nicht ganz verstanden, was die Nuss mit dem Junifest zu tun haben soll, bis Patrícia es mir erklärt hat. Côco heißen der Tanz und auch die Musik; nur Rhythmus, getrommelt, gerasselt, geschlagen. Côco heißen außerdem die Musikstücke, seit Generationen überliefert oder beim Singen gedichtet. Côco heißt das Ereignis, heißen die Teilnehmer und heißt der Ort, an dem sich Alte und Junge versammeln: gestampfter Lehmboden unter einem Dach aus Palmblättern, das in den Wochen vor dem Fest aufgestellt wird.

Als ich näher komme, sehe ich eine muskulöse Weißhaarige mit blauschwarzer Haut an der großen Trommel stehen, neben sich ein Glas scharfen Zuckerrohrschnaps, im Mundwinkel eine kurze Meerschaumpfeife. Ich binde mein Pferd an eine Kokospalme, lasse mir aus einer Styroporkiste voller Eisstücke eine Bierdose herausfischen und setze mich unter das Dach. Die Pfeifenraucherin gibt gerade die Trommel an einen eisgrauen Schwarzen weiter und legt mit ihrer tiefen Stimme los. Lieder von Eifersucht und Tränen, von Liebe und Leid, wie sollte es anders sein. Vor mir bildet sich ein Kreis aus Tanzenden. Frauen, Männer, Kinder, sogar coole Teenies stampfen mit den Füßen und wiegen ihre Hüften wie in einem archaischen Höhlenritual. Kraftvoll und fremd. Immer wieder winken mir Unbekannte, ich solle mich einreihen, doch ich traue mich nicht, bleibe lieber Zuschauer, lausche den sehnsüchtigen Liedern und wiege mich nur innerlich im Rhythmus. Als irgendwann kurz die Trommel verstummt, weht der Nachtwind andere Lieder herüber.

Sie erinnern mich daran, dass ich noch zum Dorfplatz gucken will. Dort hat die Inselverwaltung ein riesiges Festzelt aufgebaut. Den Wetttanz der Quadrilhas habe ich verpasst. Eine Band aus einem Akkordeonisten und mehreren Trommlern spielt jetzt Forró. Kaum bin ich vom Pferd gestiegen, zieht mich einer auf die Tanzfläche, bevor ich protestieren kann. Ich stolpere unbeholfen, trete ihm auf die Füße, aber der Kerl lässt sich nicht beirren. Fest fasst er mich unter und schiebt meine Hüften immer wieder in den Rhythmus. Irgendwann haben meine Füße, meine Hüften, meine Beine begriffen. Sie wirbeln und schwingen und drehen sich und wollen nicht mehr aufhören. Dem ersten Tänzer folgt ein nächster, und wir tanzen uns zu den endlosen Liedern wie in einen Rausch. Plötzlich trommelt ein Wolkenbruch Regenmassen auf das Zeltdach. Es schüttet, bis sich feine Bäche auf uns alle ergießen. Keiner stört sich daran. Jetzt ist São João, jetzt wird getanzt. Egal, ob alle klatschnass sind. Egal, ob der Zuckerrohrschnaps manchen die Beine unsicher macht.

Der Regen lässt erst wieder nach, als der Himmel sich zart petrolblau färbt und eine blasse Sonne helle Streifen in die Wolken malt. Die Band verstummt plötzlich, weil die Truppe vom Côco sich in einer langen Schlange um den Dorfplatz windet. Sie wiegt und trommelt sich bis hinunter zum Strand. Dort schleudert die sehnige alte Dame die Schuhe von ihren Füßen und steigt mit allen Kleidern barfüßig in die schaumigen Wellen. „Das Bad gehört dazu, weil das Meer in dieser Nacht eine besondere Kraft in sich trägt", flüstert mir jemand zu. Also gehe auch ich ins Wasser und erbade mir eine Extraportion Kraft für mein Jahr in Brasilien.

Juli

Mein Leben auf der Insel gewinnt allmählich eine Struktur. Weil die Tage so früh und abrupt mit der Dunkelheit enden, habe ich mir angewöhnt, morgens um halb sechs aufzustehen und bis zur Flussmündung am Ende des Strandes zu wandern. Dann glitzern die Sonnenstrahlen noch sanft auf dem Wasser, und es wundern sich höchstens ein paar Fischer über meine Yogaübungen.

Auf dem Rückweg suche ich hauchzarte Muscheln in kitschigem Rosé, die ich auf meinem Schreibtisch sammele, oder trage tütenweise weißen Muschelkies nach Hause, den mein frisch gepflanzter Weinstock besonders mögen soll. Seit meiner Ankunft habe ich schon zwei Mangobäumchen, einen Granatapfelbaum, den Weinstock und mehrere blühende Sträucher gepflanzt. Tipps bekomme ich reichlich und ungefragt von Nachbarn und Passanten. Im Alltag finde ich die ungebändigte Kommunikationsfreude der Brasilianer, die mir im Urlaub so gut gefallen hat, manchmal doch ein wenig anstrengend. Ich muss gestehen, dass es sogar Tage gibt, an denen ich meine Fensterläden vorn geschlossen halte, um nicht so viel reden zu müssen.

Nur einer darf immer kommen: Polho, der kleine Nachbarsjunge. Er setzt mit mir die Pflanzen ein und bringt mich auf die Idee, Kuhfladen zu sammeln, um sie zu düngen. Dabei habe ich herausgefunden, dass ein älterer Herr auf einem Stück Brachland Milchkühe hält – und mir gerne mit dem Fahrrad jeden Morgen einen noch warmen Liter davon vorbeibringt. Polho erzählt mir auch von der Missa do Vaqueiro. Genau genommen erzählt er mir, dass er im Fernsehen ganz viele Pferde gesehen habe und Männer mit seltsamen Hüten. Das erzählt er jeden Tag aufs Neue, bis ich mich bei Vera erkundige, ob es eine neue Cowboy-Novela gibt. Vera klärt mich auf, dass Polho die Werbung für die Missa do Vaqueiro gesehen haben muss, eine Großveranstaltung weit draußen im wilden Westen von Pernambuco, dem Bundesstaat, in dem ich lebe. Dort treffen sich einmal im Jahr die Cowboys aus der ganzen Gegend, um eine Messe zu Ehren eines ermordeten Kollegen zu feiern. Serrita heißt der nächste Ort dort, und er liegt fast 600 Kilometer von der Küste entfernt. „Da im Sertão gilt bis heute das Gesetz des Stärkeren", sagt Vera, „sogar auf der Straße dorthin lauern Wegelagerer!" Ich finde, das klingt spannend genug, um mir Serrita und die Cowboymesse aus der Nähe anzusehen. Beruflich, meine ich.

In den letzten Wochen hatte ich beinahe vergessen, dass ich auch einen Beruf habe. Ich bin Journalistin. Neuerdings vollkommen freie Journalistin. In der Fernsehwerbung ist als Kontakt für die Messe das Tourismusbüro von Pernambuco genannt. Also melde ich mich dort. Júnior, Direktor der Marketingabteilung, zeigt sich begeistert, dass mit mir jetzt eine deutsche Journalistin hier lebt. „Wir werden viele tolle Sachen miteinander machen!", prophezeit er. „Komm unbedingt bei uns im Büro vorbei!" Eineinhalb Stunden Busfahrt trennen mich von diesem Büro. Es liegt im auf Gefrierschranktemperaturen klimatisierten Untergeschoss des Kongresszentrums von Recife und Olinda, das in seiner geschwungenen Form aus Waschbeton wirkt wie ein gefälschter Niemeyer. Júnior ist groß, wohl genährt und verbreitet eine etwas angestrengte Dauer-Euphorie. Die Missa do Vaqueiro werde künftig zu einer wichtigen Touristenattraktion, sagt er, deswegen käme ich genau im richtigen Moment, um den Event auch in Deutschland bekannt zu machen. Er und ein weiterer Direktor führen am 21. Juli los und könnten mich im Auto mitnehmen.

Für eine Unterkunft im besten Hotel vor Ort werde er natürlich auch sorgen. Na? Vera wird mich vermutlich für tollkühn erklären, wenn ich ihr sage, dass ich mit zwei fremden Männern im Auto über die gefährliche Straße bis in den Sertão fahren will. Ich sage: „Okay, abgemacht." Wir verabreden, dass ich am 21. morgens um acht Uhr zum Kongresszentrum komme.

Polho ist begeistert, als ich ihm von meiner geplanten Reise erzähle. „Wirst du dort auch reiten?", fragt er. „Und so einen Hut tragen?" Eigentlich duzt mich Polho gar nicht. Er nennt mich „a senhora", das heißt so viel wie „die Dame" und ist die brasilianische Höflichkeitsformel, die allerdings deutlich respektvoller eingesetzt wird als unser Sie. Normalerweise duzen sich in Brasilien auch einander fremde Erwachsene, sogar die Präsidentin heißt in der Presse nur mit ihrem Vornamen „Dilma". Ihre Eltern hingegen nennen Kinder häufig „a senhora" oder „o senhor". Was für mich zunächst sehr ehrfurchtsvoll klingt. Polho ist es nicht auszureden, also gewöhne ich mich daran, ich bin für ihn eben „Cristina" und „a senhora". Dass brasilianische Kinder ihre Eltern mehr respektieren als deutsche, kann ich trotzdem nicht feststellen, die Ausdrucksweise mag ein Überbleibsel aus der steifen Kolonialzeit sein.

Eine Woche später, mit den Direktoren auf dem Weg nach Serrita, muss ich wieder an die Kolonialzeit denken. Wie der portugiesische König Dom João III. dreißig Jahre nach der Eroberung das neue Land in Übersee in Streifen teilte, von denen manche größer waren als Portugal. Adlige portugiesische Familien bekamen diese Gebiete sozusagen geliehen, durften sie ausbeuten und mussten sich ihre Bewohner untertan machen. Dabei sollten sie auch das bislang wenig besiedelte Binnenland besetzen. Zweihundert Jahre später wurden diese Capitanias abgeschafft, weil das Land zu unermesslich war, die Adligen zu finanzschwach und die Indios zu resistent. Noch ein Vierteljahrhundert später bin ich im holpernden Auto unterwegs auf der endlosen Buckelpiste Richtung Sertão. Auf einem der riesigen Landstücke, derer damals die Adligen nicht Herr wurden. Aus Recife hinaus führen noch frisch asphaltierte breite Straßen, kurz danach teilt nur eine schmale, löcherige Straße das trockene Land, schnurgerade bis über den Horizont hinaus.

In dieser dürren Einsamkeit haben also Großgrundbesitzer ihre Feinde von Totschlägern erledigen lassen. Vor dem Autofenster ziehen kilometerlange Weiden vorbei, auf denen neben gelblich vertrocknetem Gras reichlich Kakteen wachsen. Mandacarú heißen die großen stachligen Dinger, die in Deutschland in fast allen mexikanischen Restaurants als Dekoware verstauben. „Wenn die Dürre besonders schlimm ist, werden sie zerhackt und als Tierfutter verwendet", sagt einer der Direktoren vom Vordersitz. Für mich sieht die Dürre jetzt schon besonders schlimm aus: Rotbraune Berge erheben sich am Rand der Ebene, wie kahl gebrannt von der Sonne, der Lehmboden öffnet sich in weiten Rissen, wo seit Monaten kein Tropfen Regen ihn befeuchtet hat. Acht Monate im Jahr regnet es sowieso nicht, und in den anderen vier Monaten fallen seit Jahren auch nur ein paar Tropfen. Ich sehe ein weiß gekalktes Lehmhaus mitten im Nichts. Die Haustür schaukelt im Wind in der Angel; zurückgelassen wie ein vergessener Handschuh. Niemand kommt sie besetzen, niemand zieht freiwillig hierher.

Meine Mitfahrer planen derweil für den Abend ein gepflegtes Biertrinken und Gegrilltes-Ziegenfleisch-Essen in Salgueiro, wo wir übernachten werden. Wieder einmal finde ich es schwer, mich in der brasilianischen Gesellschaft einzuordnen. In Deutschland gehöre ich zur gemäßigten Mittelschicht. Habe gute Bildung in öffentlichen Schulen genossen und gelegentlich Urlaubsreisen unternommen. Nicht schlecht gelebt, aber auch nicht im Luxus geschwelgt. Hier gehöre ich plötzlich einerseits zur Unterschicht – weil ich keine Hausangestellte beschäftige, meine Wände selbst streiche oder den Garten selbst umgrabe. Wenn ich mich andererseits mit Menschen unterhalten will, die gelegentlich Zeitung lesen oder schon irgendwo anders gewesen sind als auf unserer Insel, muss ich eher in der besseren Mittel- bis Oberschicht suchen. So habe ich mich ein bisschen mit dem Besitzer eines Restaurants am Strand angefreundet. Nelson gehört außerdem eine Zuckerrohrplantage im Hinterland, und seine Freundin ist in meinem Alter. Ich habe mit ihr über Musik und Literatur geredet und mit ihm über Missstände auf der Insel und die allgemeine Wirtschaftslage. Ein bisschen wie zuhause. Letztens haben die beiden mir Fotos von ihrem Urlaub in Rio gezeigt. Selfies mit bunten Drinks am Strand und vor großen Tellern in edlen Restaurants. Als mir Nelson danach auch noch stolz erzählte, wie er es geschafft hat, seine Köchin für weniger als einen Mindestlohn zu beschäftigen, war mein Zuhausegefühl verschwunden. Vermutlich ist eben doch Polho mein bester Freund hier.

Júnior und der zweite Direktor wirken ein bisschen wie Verwandte des Restaurantbesitzers. In Salgueiro, einer schmucklosen Hinterlandstadt mit kastenförmigen Häusern an staubigen Straßen, halten wir an einer winzigen Kneipe, fast nur ein Ausschank, mit Plastikhockern am Straßenrand. „Auch wenn es nicht danach aussieht", sagt Júnior und schnalzt genießerisch: „Hier gibt es weit und breit das beste Ziegenfleisch." Dann fragt er mich, was ich denn vom Vaqueiro-Dasein so gehört habe. Gelesen habe ich: Sie reiten meist im Morgengrauen los und kommen oft erst zur Dämmerung wieder zurück. Ernähren sich von Rapadura, gehärteter Melasse und Farinha, eine Art Gries aus Maniok. Wenn dann noch ein bisschen Trockenfleisch im ledernen Proviantbeutel steckt, ist das schon Luxus. „Ja, das ist heute immer noch so“, bestätigt Júnior und greift nach einer neuen Ziegenrippe. Dann erzählt er mir die Geschichte von Raimundo Jacó. Der schon als junger Kerl als Vaqueiro täglich in die Steppe hinausritt. Bis er eines Abends nicht mehr wiederkam. Am nächsten Morgen schickte der Patron einen Suchtrupp los: „Mit Raimundo war ja auch die verlaufene Kuh fort geblieben.“ Die Kuh fanden sie zuerst und lebendig, den verschollenen Cowboy kurz danach und tot. Jacó blutete aus zwei Wunden am Kopf. Offenbar hatte ihn jemand mit einem Stein erschlagen. Der Mord ist bis heute ungeklärt. „Es stirbt sich leicht hier draußen“, sagt Júnior und wehrt meine Vermutungen ab: Nein, natürlich gebe es längst keine Totschläger mehr. Das sagt er in sehr bestimmtem Ton. Ich verstehe: Mehr Fragen will er dazu nicht beantworten.

Also reden wir statt über den Mord lieber über den Vaqueiro selbst: Intelligent, mutig, und ein großer Tierfreund soll Jacó gewesen sein. Sein Hund soll die ganze Nacht neben dem Toten gewacht haben. Nach einem halben Jahrhundert hätte sich vermutlich trotzdem niemand an den tollen Kerl erinnert, wäre Jacós Cousin nicht Luiz Gonzaga, der „König des Baião“ gewesen – eines der beliebtesten Tanzrhythmen im Sertão. Der Sänger schrieb seinem ermordeten Verwandten zu Ehren das Lied „Tod des Vaqueiros“ und stiftete den Pfarrer an, eine Gedenkmesse zu organisieren. Zur ersten im Jahr 1971 kamen nur Jacós Kollegen und brachten Gitarren und Selbstgebranntes mit. „Damals gab es den Festplatz nicht, da haben sie am Lagerfeuer gefeiert“, sagt Júnior und legt sorgfältig den letzten abgenagten Ziegenknochen auf einen beachtlichen Haufen. Dann erzählt er stolz, wie die Tourismusbehörde zusammen mit der Gemeinde einen Festplatz mit Toiletten, Erste-Hilfe-Station und Bühne gebaut hat.

„Du wirst sehen, wie in der ersten Welt." Die sonst oft gönnerhafte Art des Vertreters der weißen Mittelklasse verwandelt sich auf einmal in eine kaum merkliche Unterwürfigkeit mir gegenüber. Nur weil ich – Gnade der Geburt – aus der „ersten Welt" stamme, der er anscheinend auch gern angehören würde. Zur ersten Welt gehört in seiner Vorstellung vielleicht auch die Gefrierschrank-Temperatur, die hier mittels Klimaanlage in allen geschlossenen Räumen hergestellt wird. Ich habe keine Ahnung, wie die Brasilianer es schaffen, sich bei dem Wechsel zwischen Wüste und Arktis nicht ständig zu erkälten. Ich fröstele sofort, als wir ins Hotel kommen; ein natürlich klimatisierter Klotz mit geräumiger Poolbar. Lieber würde ich hier irgendwo am Lagerfeuer in der Steppe schlafen, aber das sage ich meinen Begleitern nicht.

Verkatert und wortkarg erscheinen sie kurz vor Mittag in der Lobby. Wir fahren aus der Stadt hinaus, biegen in eine rote Lehmpiste ein und halten auf einen staubigen Parkplatz auf einem Hügel zu. Die Stille dröhnt in den Ohren, als wir aussteigen. Keine Grille zirpt, kein Vogel singt. Es gäbe auch nichts, von dem sie sich ernähren könnten. Nur meterhohe Kakteen, ein paar dornige Bäume und spitzblättrige Bromelien trotzen der Hitze und Dürre. Dann verstehe ich den Grund unserer Pause: Unter einem Sonnenschutz aus vertrockneten Palmwedeln und Gerten stehen die angerosteten Metalltische eines Lokals. „Mittagessen", sagt Júnior. Ein hagerer Mann serviert ein ebenso hageres Huhn, dazu Reis und Bohnen. Zwei Einheimische am Nebentisch trinken Cachaça pur. In einem der Bäume hängt ein von ungelenker Hand beschriebenes Schild: „Nachts wird kein Alkohol ausgeschenkt. Insistieren zwecklos." Mir fällt wieder der Satz von gestern ein: Im Sertão stirbt es sich schnell.

Auf den letzten Kilometern zum Festplatz stehen riesige Plakatwände am Straßenrand: „Der größte Event der Welt,

Missa do Vaqueiro in Serrita!", heißt es darauf. Der Himmel ist tatsächlich so knallblau wie auf dem Plakat, der Lehmboden so blutrot. In den paar Minuten Fahrt heute begegnen uns mehr Autos als auf der ganzen Strecke von Recife bis hierher.

Auf dem Festplatz verabschieden sich Júnior und sein Kollege in den klimatisierten Flachbau der Festorganisation und wünschen mir eine gute Recherche. Wenn ich fertig sei, könne ich sie jederzeit darin finden. Ich komme mir ein bisschen verloren vor auf dem riesigen asphaltierten Platz. Am Rand parken mehrere Viehtransporter, zwei Fiats mit Aufschrift der Gemeindeverwaltung und eine Handvoll weiterer Autos. Das offizielle Programm mit vier verschiedenen Forró-Bands startet erst nach Einbruch der Dunkelheit

Weit entfernt von der Bühne sind improvisierte Buden aus Plastikplanen, Holz, Wellblech und Seilen aufgebaut. Eine Art Markt mit vielleicht fünfzig Ständen. Ich schlendere über den sengend heißen Asphalt. Am ersten glänzen polierte knöcherne Rindsköpfe mit der Stirn ihres Verkäufers um die Wette. Er guckt mich genauso neugierig an wie ich seine Ware. Wahrscheinlich hat er ungefähr so selten Europäer gesehen wie ich handgemachte Schnapsflaschen aus Rindsfüßen. „Hält prima kühl", preist er die Dinger an und erzählt, wie er seit Monaten Knochen aushöhlt, Fell gerbt und Pfropfen schnitzt. Nebenan stochert eine magere Frau in einem Feuer, über dem sie Ziegenrippen grillt. Unter ihrer blauen Plane drängen sich Kinder und Ziegen auf einer Unterlage aus aufgerissenen Pappkartons. „Wir übernachten hier", sagt sie, als sie meinen fragenden Blick bemerkt. „Was soll ich machen – die Platzmiete und Gebühren für den Strom sind so teuer. Wenn ich die Ziegen nicht alle verkaufe, fahre ich mit Schulden nach Hause." Ihr sorgenvolles Gesicht sieht aus wie das einer Fünfzigjährigen, dem Alter der Kinder nach kann sie höchstens Ende zwanzig sein. Bis morgen Mittag hat sie Zeit, ihr Geschäft zu machen. Zweieinhalb Tage dauert das Fest, einer ist schon vorbei. „Gestern war wenig los", sagt ihr Nachbar, der auf einem mannshohen Haufen grüner Kokosnüsse sitzt, und ergänzt stolz: „3000 Nüsse sind das, ich wohne fünfzig Kilometer von hier entfernt und habe einen Lkw gemietet, um sie herzubringen." Seine Rechnung könnte aufgehen. Der Asphalt reflektiert unbarmherzig jeden Sonnenstrahl, und mir ist die Kehle schon nach ein paar Minuten eingetrocknet. Mit einem gezielten Machetenhieb schlägt der Mann mir eine Nuss auf. Ich trinke das kühle Wasser und ziehe erfrischt weiter.

An der nächsten Ecke ist eine Bar improvisiert, aus einem Transistorradio scheppert Forró, an den Tischen sitzen breitbeinig schmale Männer in Cowboystiefeln und trinken Bier und Cachaça. Mir wird schon vom Zusehen schwindlig. Den immensen Schnapsverbrauch hier haben meine Bücher verschwiegen. Jetzt zieht einer der Männer seinen Nachbarn zum Tanzen hoch. Oh, eine Frau! Hatte ich unter dem breitkrempigen Hut gar nicht erkannt. Sie schwingt millimeterscharf ihre Hüften zwischen den Tischen durch und strahlt eine raue Eleganz aus. Eine hochgewachsene, sehnige Person mit einem harten stolzen Gesicht. Ihr Alter könnte zwischen zwanzig und 45 liegen. Mir fällt auf: Vom Leben der Frauen im Sertão habe ich bei Jorge Amado und Co. auch nicht viel gelesen. Zu gerne würde ich die Frau ansprechen. Aber ihr Mann hält sie fest am Arm. Frauen sind hier nicht allein unterwegs.

In einer Hütte am Rand des Asphalts haben sich die versammelt, denen selbst die improvisierte Kneipe zu teuer ist. Sie lassen mitgebrachte Schnapsflaschen kreisen. Liegen auf ihren Lederjacken auf dem staubigen Boden und singen herzerweichende Lieder von Einsamkeit und Sehnsucht, von

Liebe und Betrug. Je härter die Männer, desto sentimentaler ihre Lieder. Einer mit grauen Schläfen und ledriger Haut kommt mit leicht verschwommenem Blick auf mich zu. „Ich bin der Sohn", sagt er, „willst du mir einen ausgeben?" Ein anderer stützt den Schwankenden und erklärt: „Er ist der Sohn vom Jacó, und deswegen wollen ihm bei der Missa immer alle einen ausgeben." Dabei kommen die beiden immer näher, bis mir der scharfe Geruch ihres Selbstgebrannten in die Nase steigt. Als die Stütze sich vertrauensvoll an meine Schulter lehnt und der Sohn mir über die Haare streicht, trete ich den Rückzug an. Vielleicht hätte ich doch auf Vera hören und mir alles nur im TV ansehen sollen. Ich habe auf einmal Heimweh nach meiner kleinen heilen Inselwelt.

Das Abendprogramm startet. Diesmal schaue ich dem Forró nur zu, den jetzt vor allem junge Paare vor der Bühne im Flutlicht tanzen. Unwirklich wirkt die Menschenmasse hier am Ende der Welt. Sie tanzen und feiern mitten in der Steppe, und natürlich hat das alles mit dem toten Cowboy gar nichts mehr zu tun. Dessen Kollegen trauen sich nicht unter das besser angezogene Volk, bleiben in ihrer Ecke, als hielte sie ein unsichtbarer Zaun zurück. In der Baracke der Offiziellen fließt derweil der Whisky, und dröhnendes Lachen begleitet die Gespräche. Das bisschen, was ich verstehen kann, ist offenbar nicht für Frauenohren bestimmt. Also bleibe ich in einer Ecke sitzen, bis die Herren bereit für die Rückfahrt ins Hotel sind.

„Willst du einen Nachfahren des Dienstherrn von Jacó kennenlernen?", fragt mich Júnior am nächsten Morgen beim Hotelfrühstück, während er sich mit Würstchen und gekochtem Maniok stärkt. Es wirkt wie eine Entschuldigung für die Entgleisungen des Vorabends. Natürlich will ich. Weiß-blau gestrichene Weidezäune begrenzen das Land der Teles-Farm zur Straße hin. Auf einem halb ausgetrockneten See schwimmen ein paar Enten, dahinter steht das ebenfalls weiß-blaue Herrenhaus. Die weiße Flügeltür zur Terrasse steht offen, und Júnior geht einfach hinein in den angenehm kühlen Raum. Darin ist ein Tisch gedeckt, groß wie eine Haustür und beladen, als erwarte der Hausherr heute noch eine Busladung Verwandte. Riesige Räucherschinken liegen da auf Silberplatten, frische weiße Käselaiber, Joghurt, Milch und Sahne in Krügen, gekochter Maniok, gedämpfter Maisgries, Fleischsauce – wie eine Fata Morgana mitten im Sertão.

Der Hausherr heißt Waldir und ist ein ausgemergelter Mann mit traurigem Blick. Vielleicht kommt nur an Festtagen so viel Essen auf seinen Tisch? „Fünfzig Rinder sind mir im letzten Sommer verhungert", sagt Waldir, „und dieser Winter ohne Regen macht die anderen auch nicht fett." Ob er uns mit einem seiner Vaqueiros bekannt machen kann, fragt Júnior. Geht leider nicht. Es gebe nur einen, und der sei weit weg mit der Herde. Aber dessen Haus kann uns Waldir zeigen – von außen. Ein aus groben Holzplanken gezimmertes Häuschen mit schmaler Terrasse. An einem Haken hängt ein geflickter Sattel, ein paar Sporen liegen auf dem ausgetretenen Terrassenboden, ein zerrissenes Hemd dient als Fußabtreter. „Für die Viehtreiber ist es schwer, eine Frau zu finden, sie sind kaum zuhause, verdienen nicht viel – und die meisten trinken." Weil er keinen zweiten zuverlässigen Arbeiter findet, hilft Waldir Teles oft selbst mit, verlaufene Tiere zu suchen. Er zeigt mir eine Art Rüstung aus dickem, steifem Ziegenleder, die ihn da draußen vor den Dornen schützen soll. Ein Lätzchen wird vor die Brust gebunden, darüber eine enge Jacke, deren Ärmel bis über die Hand reichen, außerdem Handschuhe, Stiefel, ein Beinschutz bis zur Hüfte und ein Lederkäppi. „Willst du mal?", fragt er und reicht mir eine Jacke. Ich kann mich gerade so eben hineinzwängen. Fühlt sich seltsam eingeengt an. Ob man damit wirklich reiten kann? Das würde ich gerne ausprobieren! Zweifelnd schaut Waldir mich an. „Ich kann reiten", beteuere ich, aber sein Blick wird nicht vertrauensvoller.

Waldir zögert noch einen Augenblick, dann ruft er einen Mann, der aussieht, als müsste er längst in Rente sein, und lässt zwei Pferde satteln. Kleine, zähe Tiere – größere bräuchten vermutlich zu viel Futter. Waldir hält mir den Zügel und will mir in den Sattel helfen, da bin ich schon oben. Anerkennend nickt er, überlässt mir die Zügel und steigt auf seinen Schimmel. Im leichten Galopp geht es los über steinige, gewundene Trampelpfade durch Dornengebüsch. Als Waldir merkt, dass ich sicher im Sattel sitze, legt er an Tempo zu und zeigt mir, welchen Ästen ich ausweichen soll. Einmal bin ich zu langsam, und ein Ast zieht mir einen Striemen über die Wange. „Pass auf!", ruft Waldir, „es hat schon Vaqueiros gegeben, die haben ein Auge verloren!"

Dann reden wir nicht mehr. Waldir ruft mit langen, klagenden Lauten nach seinen Tieren, und ich verschmelze mit der gewaltigen silbergrünen Ebene. Diese Weite unter dem klaren blauen Himmel muss süchtig machen. Als habe er meine Gedanken gelesen, sagt Waldir: „Obwohl sie so ein hartes Leben haben, kenne ich keinen Vaqueiro, der seinen Job tauschen möchte. Ich selbst reite jeden Tag raus, seit ich elf bin – und wenn ich mal in die Stadt muss, fühle ich mich unwohl." Dann singt er wieder. Die Welten, die uns eben noch getrennt haben, gibt es nicht mehr. Viel zu schnell findet Waldir seine Herde. Die Tiere scharren im harten Boden nach Futter und folgen seinem Ruf geradezu freudig. Waldir deutet auf die Rippen, die unter dem stumpfen Fell erkennbar sind, und erklärt: „Ich werde ihnen Kakteen geben, sonst verlieren sie noch mehr Gewicht." Gemächlich zockeln wir hinter den Tieren her zurück zur Farm. Polho fällt mir ein, und dass ich hier jetzt tatsächlich mit einem dieser Hüte aus dem Fernsehen reite. Bedauernd steige ich aus dem Sattel und höre, wie Waldir anerkennend zu Júnior sagt: „Diese Blonde, die du da mitgebracht hast, die kann öfter kommen! Reitet wie ein Vaqueiro. Ich wusste gar nicht, dass es im Ausland so etwas gibt." Er klopft mir auf die Schulter und sagt „Mulher macho." Bei Männern bedeutet das Adjektiv „macho", dass sie eben echte Männer sind. Bei einer Frau muss es dann so etwas sein wie: fast so gut wie ein Mann, oder? Jedenfalls klingt es aus Waldirs Mund wie ein Kompliment. „Wenn du wieder mal herkommst, kannst du gerne hier auf der Fazenda übernachten!", sagt er. Ich bedanke mich und weiß nicht recht, wie ich mich als „mulher macho" verabschieden soll. Soll ich ihm auf die Schulter klopfen? Das macht jedenfalls Júnior ausgiebig. Anschließend schütteln sich die beiden die Hände, auch ich bekomme einen festen Händedruck, und schon hält mir Júnior die Autotür auf: Bald geht die Messe los.

Auf der Straße sind heute mehr Reiter unterwegs als Autos. Hufe klappern, Sättel quietschen, manche singen ihre Lieder. „Die Lieder heißen Aboios", erklärt Júnior, damit könne das Vieh oder auch eine Nachricht an einen anderen Viehtreiber übers Land gerufen werden. In der Ebene tragen die Stimmen oft Kilometer weit. Auf dem Festplatz ist heute ein Freilichtaltar aufgebaut, mit weißer Tischdecke darauf, Kerzenleuchtern und allem was dazu gehört. Er wirkt ein wenig fehl am Platz in der Jahrmarkt-Stimmung. Daneben warten die ersten Cowboys, im Sattel natürlich. Eine neue, babyrosafarbene Lederkluft hebt sich deutlich von den anderen von Dornen zerkratzten, von der Sonne rissig gewordenen Jacken ab. Ihr Besitzer sieht selbst rosig und wohlgenährt aus und dirigiert die Neuankömmlinge, sodass sich ein regelmäßiger Halbkreis bildet. „Das ist der Vorsitzende der Vereinigung der Viehtreiber", sagt Júnior und erklärt: „Der ist kein Vaqueiro, sondern Farmbesitzer."

Immer mehr Reiter drängen sich dicht bei dicht unter der sengenden Sonne. Wo sie die Nacht verbracht haben? Manchen sinkt vor Erschöpfung der Kopf auf den Pferdehals. Sind sie es gewohnt, im Sattel zu schlafen? Die Pferde stehen jedenfalls still wie Statuen. Hinter dem Altar singen jetzt der Ortspfarrer – in Lederjacke – und ein in Weiß gewandeter fremder Padre zusammen einen Psalm ins Mikrophon. Salbungsvoll und mit starkem italienischem Akzent spricht der Padre von den leidenden Menschen des Sertão. Die leidenden Menschen – so sie wach sind – haben einige Mühe, sich auf seine Worte zu konzentrieren. Sie hängen ziemlich windschief in ihren Sätteln: Der Schnaps ist reichlich geflossen in dieser Nacht. Des Pfarrers Fürbitten für einen besseren Lohn, für die Toten, für die Tiere, für das Seelenheil begleiten manche schon mit geräuschvollem Schnarchen. Erst das Vaterunser weckt alle wieder auf, sie setzen sich gerade hin, schwenken ihre Kappen und beten lautstark mit. Danach werden die harten Männer für Minuten zu Hauptdarstellern. Einer nach dem anderen lässt sein Pferd am Altar vorbeitänzeln und legt seine Opfergabe nieder. Eine Kuhglocke der erste, einen Sattel der nächste, eine Feldflasche der dritte, bis alles Arbeitsgerät eines Vaqueiros zusammen ist. Ziemlich große Opfergaben, wenn man gerade mal einen gesetzlichen Mindestlohn verdient. Schüchtern und gleichzeitig stolz wirken die Männer. Und als jetzt ein Repentista-Sänger lästerliche Stehgreiflieder dichtet, in denen vom Bürgermeister bis zur Präsidentin alle denkbaren Respektpersonen verspottet werden, belohnt raues Lachen seine Verse. Dann ist das Spektakel auch schon vorbei.

Júnior ruft mich zum Auto. Ich setze mich auf den Rücksitz, sehe wieder das dürre Land an uns vorbeiziehen und denke an mein Kompliment von heute Morgen: Mulher macho. Fast so gut wie ein Mann. Das werde ich mir merken. Kann ich sicher gut gebrauchen in diesem Land.

August

Gestern hat mich Késia zur Taufe ihres kleinen Sohns eingeladen. Zuerst freue ich mich, dass ich schon so integriert bin. Immerhin ist Késia nicht meine beste Freundin, sondern nur eine flüchtige Bekannte aus dem Laden von Joselito. Als sie mich heute wie nebenbei fragt, ob ich meinen Fotoapparat mitnehmen kann, ahne ich, dass die Einladung auch einen praktischen Grund haben könnte. Na gut, genau genommen ist meine Freude ebenfalls nicht ganz selbstlos: Késia ist Mitglied in einer der unzähligen evangelikalen Sekten, die es in Brasilien gibt, und die wollte ich schon lange mal aus der Nähe kennenlernen.

Die Anhängerinnen der Freikirchen dürfen keine dekolletierten Blusen oder kurzen Röcke tragen – das wirkt hierzulande, wo alle anderen sich in hautenge kurze Sachen zwängen, seltsam altbacken und bieder. Sie schminken sich nicht, und Vera sagt, in manchen der Vereinigungen dürfen sie nicht einmal Schmuck tragen. Die Freikirchen gewinnen in Brasilien so rasant Anhänger, dass es manchmal heißt, sie machten den größten Teil des Wirtschaftswachstums aus. Weil die Hirten dort auch den ärmsten Schäfchen reichlich Spenden abschwatzen. Das Versprechen, damit ins Paradies zu gelangen, scheint zu genügen, um blindlings den Worten der Prediger zu folgen. Selbstverständlich trinken die Gläubigen keinen Alkohol, rauchen und tanzen nicht und gehen auch sonst keinen weltlichen Vergnügungen nach. Dadurch entsteht eine Polarisierung in der Inselgesellschaft. Auf der einen Seite die Verbrüderung der Sinnen- und Trinkfreudigen wie bei der Tante von Polho, die einander nicht nur mit Schnaps aushelfen. Auf der anderen Seite die „Gläubigen", die ihrerseits Jobs oder sonstige Vergünstigungen ausschließlich ihren Brüdern und Schwestern im Glauben zuschustern. Erstaunlich, dass ich als Ungläubige zu einer so wichtigen Feier wie einer Taufe geladen werde. Vermutlich hat von den Brüdern und Schwestern keiner einen Fotoapparat. Was ziehe ich bloß an für eine solche Gelegenheit? Ich besitze zwar eine ganz ordentliche Kamera, aber alle meine Kleider sind definitiv zu kurz oder zu eng oder zu tief dekolletiert. Schließlich entscheide ich mich für eine nicht allzu figurbetonte Jeans, ein langärmliges Shirt und meine besten Flipflops. Késias Gemeinde preist ihren Herrn so lautstark, dass ich einfach dem Lärm folge, bis ich vor dem Gotteshaus stehe. Es ist höchstens zwanzig Quadratmeter groß, unverputzt und mit Eternitplatten gedeckt. Statt Kirchenbänken stehen die gleichen Plastikstühle darin wie in den Strandkneipen. Die Kirche ist bis auf den letzten Platz besetzt. Ich bin die einzige Weiße – wie so oft auf der Insel. 45 Prozent der Brasilianer sollen laut Volkszählung weiß sein, aber die leben wohl eher in den Ballungszentren von Rio und São Paulo und im Süden des Landes. Hier im Nordosten jedenfalls begegnen mir vor allem sämtliche Schattierungen von Braun bis Schwarz.

Késia und ihre Mutter stehen in der ersten Reihe, gleich neben dem Pastor. Sie balancieren auf High Heels und tragen elegante schwarze Kleider. Sehr hoch geschlossen und sehr eng. Kein Lippenrot oder Ohrringe, aber Strasskämmchen im Haar und Glitzerschals um den Hals. Parfüm ist offenbar erlaubt. Der Vater des Kindes ist übrigens mit einer anderen Frau verheiratet und heute nicht dabei. Erstaunlich, was dann doch alles geht in der strengen Gemeinde. Als die beiden Frauen mich bemerken, winken sie mich eilig heran und bringen sich und das in weißen Tüll gewandete Baby in Pose. Ich bin irritiert. Soll ich einfach so mitten im Gottesdienst fotografieren? Während ich noch zögere, unterbricht der Pastor kurzerhand seine Rede, streicht sich die krausen Haare glatter, breitet die Arme um die kleine Familie und strahlt mich an: „Du kannst loslegen!“ Ich fotografiere von vorn, von rechts und von links, dann fällt dem Pastor ein, er könne der jungen Mutter den Plastikblumenstrauß vom Altar in die Hand drücken. Also alles noch einmal von vorn. Jetzt noch das Baby im Arm des Pastors. Die Gemeinde wartet geduldig und erstaunlich diszipliniert, bis Késia mir endlich sagt, ich könne ja ganz zum Schluss noch ein paar Bilder vor der Tür machen.

Als der Pastor jetzt die Gemeinde bittet, den Herrn zu loben und zu preisen, verändert sich die so steif angezogene Gruppe. Eben noch standen die beiden Damen in Blümchenroben rechts und links von mir gerade wie Besenstiele, jetzt schwingen sie gar nicht züchtig ihre ausladenden Hüften, werfen abwechselnd die Arme gen Himmel und klatschen rhythmisch in die Hände. Ein Stämmiger im Anzug ruft im Chor mit seiner Frau alle paar Sekunden Halleluja, und immer mehr Gläubige machen es ihm nach. Vielleicht ist ihr Gott schwerhörig. Oder er liebt diejenigen am meisten, die ihn am lautesten anrufen. Mir jedenfalls dröhnen bei so viel Inbrunst die Ohren. Nach einer Ewigkeit gebietet der Pastor Einhalt, und der Orkan ebbt langsam ab. Nun spricht der Gottesmann selbst, und obwohl er ein Mikrophon vor sich stehen hat, brüllt auch er, als solle ihn die ganze Inselbevölkerung hören. Von Himmel und Hölle redet er, vom rechten Weg und immer wieder von den „Feinden“, denen ewige Verdammnis gewiss ist. Bis auch mir klar wird: Die Feinde sind alle, die nicht seiner Gemeinde angehören. Also im Prinzip auch ich.

Ich bin ganz froh, dass jetzt ein junger Mann in etwas zu knappem Sakko das Mikrophon übernimmt. Bis vor drei

Monaten habe er in den Armen des Satans gelebt, bekennt er mit sonorer Stimme. Er habe weder seine Eltern noch seine Gefährtin geehrt und jedes Wochenende mit seinen Kumpels getrunken. Bis ihm mitten in so einem Trinkgelage Jesus erschienen sei. „Halleluja", brüllt die Gemeinde. Bruder, habe Jesus zu ihm gesagt, Bruder, kehre um, es ist noch nicht zu spät! Und es müsse Jesus gewesen sein, der seine Schritte aus der Kneipe hinausgelenkt und ihn direkt zu dieser Kirche geführt habe. „Ich danke dir Gott", ruft der Mann und bricht in Tränen aus. „Halleluja", brüllt die Gemeinde, und ihr Lobpreisen schwillt umgehend zu einem weiteren Orkan an. Eine schmale junge Frau gerät dabei so in Fahrt, dass sie wie in Trance auf die Knie fällt und mit geschlossenen Augen in einer unverständlichen Sprache eindringliche Monologe hält. „Der Heilige Geist ist über sie gekommen", haucht eine alte Dame neben mir ehrfürchtig, „hört nur, sie redet in Zungen!" Mitten im Chaos meldet sich wieder der Pastor zu Wort. Es sei nie zu spät, den Herrn zu akzeptieren und sein Leben zu ändern. „Jetzt", sagt er durchdringend, „jetzt ist der richtige Zeitpunkt." Er lässt seinen Blick durch den Saal schweifen und – bleibt an mir hängen. „Ich sehe eine Schwester, die von weit her gekommen ist, um dem Ruf des Herrn zu folgen", sagt er. „Ich lade dich ein, Schwester, komm nach vorn zum Altar und akzeptiere Jesus Christus als deinen Herrn." Die mütterlich wirkende Frau neben mir stupst mich ermutigend an. Alle gucken zu mir, und mir wird ganz heiß. Vermutlich habe ich einen knallroten Kopf. Ich will nicht nach vorne gehen und Mitglied dieser Sekte werden. Wie ein Schutzschild halte ich meine Kamera vor dem Bauch fest und stelle mich tot, bis der Pastor zum Glück ein anderes Opfer entdeckt. Der andere Ungläubige ist ein junger Kerl, den ich schon mit seinem frisierten Moped durch die Gegend heizen gesehen habe. Auch er sträubt sich heftig, wird aber von den anderen unerbittlich nach vorne gedrängt. Dabei werden die Halleluja-Schreie immer wilder. Ich warte nicht ab, ob die Bekehrung gelingt, sondern nutze die allgemeine Verwirrung, um mich leise aus dem Staub zu machen. Danach finde ich die Cachaça-Runde, die wie fast jeden Abend bei Polhos Tante auf der Terrasse sitzt, richtig heimelig. „Wo warst du denn", fragt mich mein kleiner Freund neugierig. Ich sage ihm, dass ich in der Kirche war. „Ach so", sagt Polho enttäuscht. „Kirche mag ich nicht so gern, da schreien die Leute immer so laut." Damit ist für ihn das Thema erledigt.

Es gibt in Brasilien ja deutlich mehr Götter als in Deutschland. Nicht nur den normalen christlichen Gott der Katholiken und den schwerhörigen, strengen der Evangelikalen. Außerdem sind hier die vielen afrikanischen Götter aktiv, die mit den Sklaven vor 500 Jahren übers Meer gekommen sind. Katholische, evangelische oder afrikanische: Sie scheinen mir alle viel offener zu sein für die kleinen und großen Anliegen der Gläubigen als bei uns. Auf jeden Fall sind sie präsenter. Egal, ob ich mich mit Patrícia zur Maniküre verabrede oder dem Mann im Internetcafé erzähle, dass ich demnächst verreisen werde – ich bekomme darauf nie ein einfaches „ach so" oder „bis denn" zurück. Stattdessen heißt die Standardreaktion auf jegliche Ankündigung von Dingen, die in der Zukunft liegen: „Se Deus quiser" – so Gott will. Das klingt hübsch, und ich verwende es auch schon gelegentlich. Zum einen aus Respekt vor der mächtigen tropischen Natur, die mir oft gezeigt hat, wie begrenzt die menschliche Macht ist. Zum anderen aber auch, weil ich die lässige Unzuverlässigkeit vieler Leute hier auch nach mehreren Monaten noch nicht einzuschätzen weiß.

Für das nächste Wochenende habe ich mit einem Cousin von Polho verabredet, ein Candomblé-Ritual zu besuchen. Ich hatte mehrmals an Wegkreuzungen Opfergaben gesehen.

Zerbrochene Krüge, Schnapsflaschen, Kerzen, Blumen, Parfüms. „Macumba", nennt meine Maniküre Patrícia das, und in der Art, wie sie das Wort ausspricht, schwingt Abscheu, Respekt und ein bisschen Angst mit. Laut Patrícia ist Macumba schwarze Magie, ein Ding des Teufels. Wer die afro-brasilianische Religion nicht so heftig ablehnt, nennt sie Candomblé. Es soll einen Tempel ganz in unserer Nähe geben, wo den verschiedenen Gottheiten sogar Tiere geopfert werden. Das habe ich von Vera, die selbst noch nie dort gewesen ist. Auch sie spricht halb abwertend, halb respektvoll von diesem Glauben. Jemanden, der sich offen zum Candomblé bekennt, habe ich noch nicht getroffen. Er scheint so etwas wie eine zwar als rückständig angesehene aber doch machtvolle Kraft im Untergrund zu sein.

Der Katholizismus hingegen wird offen zelebriert. In fast jedem Haus hängt ein Heiligenbild im Wohnzimmer, manche haben sogar eine Art Hausheiligen, für den sie ständig eine Kerze brennen lassen. Patrícia pflegt ein sehr enges Verhältnis zu mehreren dieser Santos. Anscheinend sind sie offen für allerlei Geschäfte: Patrícia verspricht dem Heiligen etwa, wenn sie den ersehnten neuen Job bekommt, wird sie ihm einen Monat lang jeden Tag eine Kerze opfern. Im Zweifelsfall läuft der Deal meist mit Santo Expedito, denn der schafft – so Patrícia – „auch das Unmögliche". Santo Antônio hingegen ist der Freund der Armen und kann sogar einen Ehemann herbeischaffen, aber „einen Mann im Haus kann ich gar nicht gebrauchen", so die resolute Patrícia. Deswegen bittet sie in Finanzdingen lieber Santa Rita um Hilfe. „Ich kann dir gern Tipps geben", bietet sie mir an, denn es ist gar nicht so einfach, sich mit den Heiligen zu verständigen. Der eine mag lieber Blumen, der andere Parfüm, der dritte ein bestimmtes Essen. Es gibt eine ganze Wissenschaft darüber, wie solche Bitten am wirkungsvollsten vorgebracht werden.

Im Prinzip gar nicht so anders als beim Candomblé, auch wenn Patrícia das nie zugeben würde.

Mit oder ohne heilige Hilfe funktionieren für Anhänger aller Glaubensrichtungen übrigens sogenannte Simpatias, die Zaubereien für den Alltag. Rammt eine Unverheiratete etwa in der Johannisnacht ein Messer in den Stamm einer Bananenstaude, zeigt dessen Schneide am nächsten Morgen den Namen ihres Zukünftigen. São João ist gerade vorbei, ich kann es leider nicht mehr ausprobieren. Aber Patrícias Kräuterbadrezept gegen den neidischen Blick der Nachbarn werde ich mir demnächst mal ansetzen, das ist an keinen Termin gebunden. Minze, Majoran und Rosmarin habe ich im Garten, und Hagelsalz gibt es im Supermarkt.

Am Samstag beginne ich schon nach dem Mittagessen mich auf meine Verabredung vorzubereiten. Obwohl ich mich sauber fühle, springe ich unter die Dusche. Irgendwann ist mir aufgefallen, dass außer mir im Bus immer alle nasse Haare haben. Die Menschen in meiner neuen Umgebung scheinen jedes Mal zu duschen, wenn sie ihr Haus zu einer größeren Unternehmung als einem Besuch im Supermarkt verlassen. Nachdem ich meinen nicht gerade umfangreichen Kleiderbestand inspiziert habe, ziehe ich wieder einmal meine beste Jeans an. Dazu meine deutschen Ledersandaletten, die bisher noch nicht mit dem Matsch auf den unbefestigten Straßen in Berührung gekommen sind, und eine schmal geschnittene schwarze Seidenbluse. Haare kämmen, fertig. Der Cousin kann kommen. Tut er aber nicht. Wir sind um drei verabredet, um halb vier taucht Polho auf, zum Hausaufgaben machen. Seinem Alter nach gehört er erst in den Kindergarten, aber der heißt hier bezeichnenderweise „escolinha" – kleine Schule. Es wird streng auf Anwesenheit geachtet, und Hausaufgaben bekommen die Kleinen auch gestellt. Heute schleppt Polho einen Stapel Zeichnungen von Sagengestalten an, denen irgendein Körperteil fehlt. Die Schüler sollen sie ergänzen. Polho zeigt mir begeistert eine Art afrikanischen Zwerg mit Zipfelmütze und sagt: „Das ist der Sací Pererê!" Den Namen habe ich von Polho schon öfter gehört. Ist etwas verschwunden oder kaputtgegangen, ist garantiert der Sací schuld. Im Gegensatz zu unseren Heinzelmännchen bringt er alles durcheinander, anstatt aufzuräumen. Dem Sací auf der Zeichnung fehlt ein Bein, und ich will Polho schon helfen, es einzuzeichnen, da protestiert er: „Der Sací hat keine zwei Beine. Er hat doch das eine beim Capoeira verloren! Wir müssen ihm eine Pfeife malen!" Wir malen also dem Zwerg eine etwas überdimensionierte Pfeife, und ich überlege, dass ich den afrikanischen Kampftanz Capoeira gerne einmal kennenlernen würde. Dann klatscht es vor meinem Gartentor. Der Cousin ist endlich da.

Gleich nach der Begrüßung sagt er: „Wir haben keine Eile, es geht sowieso erst am Abend los. Du kannst dich in Ruhe umziehen!" Habe ich mich beim Malen dreckig gemacht? Ich sehe an mir herunter, entdecke aber keine Flecken. „Mit der schwarzen Bluse kannst du nicht zum Candomblé gehen", sagt der hochgewachsene Edson, und mir fällt auf, dass er heute ganz in Weiß und Zartgelb gekleidet ist. „Schwarz zieht negative Energien an", erklärt er, „damit darf man einen Candomblé-Tempel nicht betreten. Am besten ist Weiß, aber auch alle anderen hellen Farben sind okay." Brasilien hat immer so locker auf mich gewirkt, nie hätte ich vermutet, dass ich es hier mit gleich mehreren strikten Kleiderordnungen zu tun bekommen würde. Ich ziehe mich in mein Schlafzimmer zurück und suche nach hellen Stücken, bis ich schließlich eine etwas knittrige beigefarbene Leinenbluse finde. Eine helle Hose habe ich wirklich nicht. „Ich besorge dir etwas!", Polho rennt eifrig los und kommt wenig später mit einem rüschenbesetzten weißen Flatterrock von seiner Tante zurück, der mir bis zu den Knöcheln reicht. Ich fühle mich wie verkleidet, aber Edson sagt: „Super, so kannst du gehen."

Im Bus bin ich jetzt doch ein wenig aufgeregt. Es wird ein Fest zu Ehren einer der Gottheiten gefeiert, hatte Edson mir vorher erklärt. Dabei würde viel getrommelt und getanzt. Er ist in der Nähe des Candomblé-Tempels aufgewachsen und kennt den Priester, seit er ein kleiner Junge ist. Deswegen darf ich mitkommen. Der erste Bus bringt uns bis ins Zentrum von Recife, einer Millionenstadt, die ich bisher noch kaum erkundet habe. Am staubigen Busbahnhof steigen wir in den nächsten Bus. Erst fährt er durch breite Straßen voller Kfz-Werkstätten und dann durch immer ärmer wirkende Wohnviertel mit eng aneinander gebauten Häusern aus Lehmziegeln, teilweise mit Wellblech gedeckt. Am Straßenrand liegen zerfetzte Plastiktüten, faulige Gemüsereste und leere Bierdosen. Ein magerer Mann schlurft durch den Müll, spießt die Dosen mit einem Metallstab auf und sammelt sie in einen riesigen Plastiksack. Eine junge Frau in knallengem Mini und mit verschmiertem Make-up sieht aus, als sei sie seit dem Vorabend noch nicht zuhause gewesen. Allein würde ich hier nirgends gerne aussteigen. Edson zupft mich am Ärmel und sagt: „Bei der Nächsten müssen wir raus!"

Zur nächsten Haltestelle muss sich der Bus im Schritttempo durch einen sehr gut besuchten Straßenmarkt voran tasten. Lkw-Ladungen reifer Papaya, Orangen, Ananas, Kokosnüsse, Süßkartoffeln und anderer Früchte und Gemüsesorten liegen in der prallen Sonne. In einer Nebengasse gibt es Frischfleisch, ebenfalls schutzlos Sonne und Fliegen ausgesetzt. Edson zieht mich in eine weitere Seitenstraße, vorbei an Ständen mit Batterien, Taschenlampen und anderen Haushaltswaren bis zu einem Geflügelladen. Dort ersteht er zwei lebende Hühner, die der Verkäufer erst an den Beinen zusammenbindet und dann dick in Zeitungspapier einschlägt, wie leblose Ware. In einer dunklen Markthalle kauft mein Begleiter außerdem zwei Fläschchen Palmöl und eine ganze Tüte voller dicker, weißer Kerzen. Bei dem Versuch, ihm in dem Gewimmel dicht auf den Fersen zu bleiben, stoße ich einmal frontal mit dem weichen Bauch einer fülligen Dame zusammen und ein anderes Mal mit dem harten Gestänge eines Lastkarrens voller ängstlich quiekender Ferkel. Es riecht nach einer Mischung aus überreifen Früchten, Heilkräutern und etwas Muffigem. Wie so oft in Brasilien ist hier alles viel intensiver als in Deutschland: die Farben, die Gerüche, die Geräusche. Ich atme auf, als wir durch ein breites Tor in einer mannshohen, weiß gekalkten Mauer in einen weitläufigen Innenhof treten.

Bevor ich mich umsehen kann, stolpere ich über eine Wurzel und falle beinahe gegen einen Baum, dessen Stamm zwei oder drei Männer mit ausgestreckten Armen umspannen könnten. Den Baum schmückt eine hellgelbe Schleife. Er muss mehr als hundert Jahre alt sein. „Das ist der Iroko", sagt Edson, „der heilige Baum des Terreiro." Es atmet sich freier hier, vielleicht, weil einfach mehr Platz ist und keine Autos und Busse vorbeifahren. Vielleicht aber auch, weil dies der älteste Candomblé-Tempel von Recife ist, in dem die afro-brasilianische Gemeinde schon seit 140 Jahren ihre Rituale feiert. Mehrere Menschengruppen stehen auf dem unregelmäßigen Kopfsteinpflaster zusammen und plaudern. Die Frauen tragen weite Röcke, die Männer lange Hosen, meist in reinem Weiß, manche auch in Gelb oder Hellblau. Schnurstracks geht Edson zu einem ganz in Weiß gekleideten älteren Mann mit einem bestickten Käppi auf dem Kopf, der auf einem der allgegenwärtigen Plastikstühle sitzt. Kniet sich mit seiner weißen Hose vor ihm hin, berührt mit seinem Kopf den Boden und küsst dann dem Mann beide Hände. Der legt segnend seine linke Hand auf Edsons Kopf und murmelt dazu etwas. Edson steht auf, klopft seine Hose ab und sagt: „Das ist Manoel Papai, der Leiter dieses Terreiros." Mich stellt er als eine Freundin aus dem Ausland vor, „die den Candomblé kennenlernen will". Der Priester betrachtet mich kurz und intensiv aus gütigen und gleichzeitig verschmitzten Augen und sagt, er könne später für mich die Muscheln befragen. Edson solle mir erst einmal alles zeigen.

Wir betreten eine kleine in Weiß und Hellblau gestrichene Kapelle, in der katholische Heilige aufbewahrt werden. „Früher war der Candomblé verboten", erklärt mir Edson, „und wenn die Polizei kam, haben sich die Leute einfach vor die Heiligen gekniet und getan, als gäbe es keine Afro-Rituale im Hinterraum." Der hintere Raum, durch einen schmalen Gang mit der Kapelle verbunden, ist viel größer. Ein leicht und luftig wirkendes Wandgemälde in Blautönen zeigt eine Meerjungfrau. Davor stehen mehrere Trommeln auf dem einfachen Zementboden. Der restliche Raum ist leer und mit gelben und weißen Blumen und Stoffen geschmückt. Im Vorraum des Festsaals sitzt jetzt der Priester Papai an einem kleinen Holztischchen und winkt mich zu sich. Vor ihm steht ein flaches Körbchen, in dem auf einem weißen Leintuch mehrere dicke Ketten und ein kleines Häufchen Muscheln liegen. Ich setze mich Manoel Papai gegenüber und warte ab. Er murmelt Gebete in einer fremden Sprache, hebt die Muscheln hoch, hält sie an seine Stirn und schaut mich an. „Sage mir deutlich deinen vollständigen Namen", fordert er mich auf. „Cristine, Andreia, Gebriela ... Wowoki", wiederholt er. Dann schüttelt er die Muscheln wie Würfel in der hohlen Hand und wirft sie auf das weiße Tuch. Betrachtet sie aufmerksam, zählt etwas, rückt einige Muscheln beiseite, andere näher zusammen. Er nickt befriedigt, spricht wieder ein paar Worte in der fremden Sprache und wirft die Muscheln erneut. „Die Götter sind dir wohlgesonnen", sagt er schließlich zu mir.

„Hat Edson deine Gaben mitgebracht?“ Ob er die Hühner und die Kerzen meint? „Ich glaube ja“, sage ich. „Gut“, befindet der Priester. „Dann werden wir dich in unser Ritual heute mit einschließen. Und das nächste Mal, wenn du kommst, bringst du Kleidung zum Wechseln mit, dann bereite ich dir ein Bad vor, das dich von allen schlechten Einflüssen reinigen wird.“ Er breitet sorgfältig die Ecken des Leintuchs über die Muscheln und bedeutet mir, ihm zu folgen.

An der Tür eines kleinen Raums, den ich bislang nicht bemerkt hatte, schlüpft er aus den Schuhen, und ich folge seinem Beispiel. Barfüßig betrete ich eine zweite Kapelle, in der die afrikanischen Götter angebetet werden. Sie sind durch in den typischen Farben gekleidete Porzellanfiguren repräsentiert, zu deren Füßen Opfergaben liegen. Keramikschüsseln mit Nahrungsmitteln, brennende Kerzen, Blumen. „Und jetzt möchte ich, dass du deine Stirn auf diese Stirn hier drückst“, sagt Manoel Papai. Er zeigt mit seinem beringten Finger auf den Kopf einer Kuh. Der Kuhkopf sitzt wie lebendig auf dem Hals, aber der ist am Nacken vom Körper abgetrennt und ruht auf dem Fußboden. Sanft schiebt der Priester mich in Richtung des Tierkörpers, und ich gehorche so selbstverständlich, als hätte ich das alles schon einmal erlebt. Ich knie auf dem blutbefleckten Boden nieder und drücke meine Stirn gegen die Stirn der Kuh. Sie ist noch warm, und bei dem Kontakt durchströmt mich ein Schub Energie, als wolle mir das Tier von seiner Lebenskraft abgeben. Dann stehe ich wieder und verlasse ein wenig benommen das Nebenzimmer. Edson hat auf mich gewartet und wirkt erstaunt. „Da dürfen normalerweise nur Mitglieder des Terreiro hinein“, sagt er. Ich spüre immer noch die Kraft der Kuh in mir und setze mich still im Hof auf die Wurzel des Iroko, um das Erlebte zu verarbeiten. Dort bleibe ich, bis die Trommeln alle in den Festsaal rufen.

Unter der Meeresgöttin Iemanjá, die ich zuerst für eine Meerjungfrau gehalten hatte, stehen jetzt drei junge schwarze Männer mit ernsten Gesichtern an den Trommeln. Daneben schütteln ein kleiner Junge, ein Teenager und ein sehr alter Mann Rasseln aus getrockneten Kalebassen. Manoel Papai sitzt wieder auf seinem Plastikstuhl. Immer mehr festlich gekleidete Gäste strömen in den Raum und werfen sich vor dem Priester auf den Boden, um ihm die Hände zu küssen. Wie ein afrikanischer König wirkt er. Wir bleiben am Rand des Geschehens stehen und beobachten. Irgendwann steht Papai auf, schüttelt eine Art Glocke und stimmt einen archaischen Gesang in einer afrikanischen Sprache an. Die Gäste fallen ein, offenbar kennen sie die fremden Worte, auch Edson an meiner Seite singt leise mit. In der Mitte des Saales bewegen sich die Frauen in kleinen Tanzschritten langsam im Kreis. Plötzlich kippt der Oberkörper einer schlanken Frau in einem hellblauen Gewand nach vorn, sie schüttelt sich wie in einem Anfall. Eine ältere Frau nimmt ihr vorsichtig die Kette ab und zieht ihr die Schuhe aus. Die Blaue tanzt immer wilder und wie ferngesteuert direkt vor den Trommlern, offenbar ist sie in Trance gefallen. „Eine Gottheit ist in sie gefahren", flüstert mir Edson zu. Ich bemühe mich, nicht allzu auffällig auf die Frau zu starren, aber niemand beachtet mich. Stattdessen packt das Schütteln jetzt gleichzeitig einen fülligen älteren Mann und eine kleine Frau mit dicker Brille.

Bald tanzen bestimmt ein Dutzend Gäste in Trance. Die Trommeln lassen auch meinen ganzen Körper in ihrem Rhythmus schwingen. Normalerweise wäre mir die Musik zu laut, aber hier genieße ich es, mich mit dem Rhythmus eins zu fühlen. Ich weiß nicht, wie viel Zeit vergangen ist, als ich mich zu Edson umdrehe, um ihn zu fragen, wie lange das Fest dauern wird. Mir wird ganz komisch im Magen. Das ist nicht mehr Edson, der da neben mir tanzt. Der Cousin meines besten Freundes hat sich in ein fremdes Wesen verwandelt. Er ist immer noch groß und muskulös, trägt noch dieselben kurzen Rastazöpfchen. Aber er bewegt sich irgendwie steifer als sonst, fast wie ein alter Mann. Sein Blick ist starr auf eine Welt gerichtet, die ich nicht sehen kann, und ich fühle mich plötzlich alleingelassen in dieser Menge Tanzender, deren Körperwärme ich spüren kann, die mir aber jetzt alle doppelt fremd vorkommen. Warum hat Edson mich nicht gewarnt? Eine streng wirkende Frau in Trance kommt auf mich zu und schließt mich ohne Vorwarnung in ihre Arme. Sie hält mich einen Moment lang fest umschlossen und sagt etwas in mein Ohr, das klingt wie: „Lass es geschehen, es ist zu deinem Besten!" Dann lässt sie mich los und mischt sich wieder unter die Tanzenden. Verwirrt überlasse ich mich dem Trommelrhythmus, merke, wie meine Beine sich bewegen, die Tanzschritte imitieren. Falle ich etwa selbst gleich in Trance? Neben mir wischt jetzt eine zierliche Frau Edson die Schweißtropfen von der Stirn, gibt ihm aus einer Flasche Wasser zu trinken und besprüht ihn mit einem stark nach Lavendel duftenden Parfüm. Ich bekomme auch etwas ab, und es fühlt sich an wie eine erfrischende Brise. Edson scheint allmählich wieder zu sich zurückzukehren, er trinkt in großen Schlucken Wasser, und sein Blick wird klarer. Ob ich ihn schon ansprechen kann?

Es dauert eine ziemlich lange Weile, bis er sich zu mir wendet. „Ich habe keine Ahnung, wie das passiert ist", sagt er, „ich bin im Candomblé zuhause, seit ich ein kleines Kind bin, aber ich bin noch nie in Trance gefallen." Und wie war das Erlebnis für ihn? „Anstrengend", sagt er, er fühle sich müde und erschöpft – aber auch befreit und erleichtert. „Ich habe gerade einige Wahrheiten über mein Leben erfahren", sagt er und lächelt ein bisschen verlegen. Näheres will er dazu nicht sagen, erklärt mir nur, dass die Gottheit Oyá ihm diese Wahrheiten verraten habe. Sie habe ihm außerdem gesagt, dass sie auch für meinen Schutz zuständig sei. Wie bitte? „Ja“, sagt Edson, „das hat sie mir gesagt. Aber das musst du in einem eigenen Ritual von einem Priester bestätigen lassen“. Vermutlich sieht er mir meinen Zweifel an, denn er setzt hinzu: „Natürlich nur, wenn du willst.“ Ich denke an meinen Besuch bei der evangelikalen Tauffeier und dass hier wie dort die Menschen in Trance mit ihren Göttern kommunizieren. Dass ich hier wie dort zum Mitmachen aufgefordert werde – nur auf eine ganz andere Art. Obwohl er mir so fremd ist, fühle ich mich beim Candomblé besser aufgehoben. Irgendwie würde ich wirklich gerne herausfinden, welche Gottheit für mich zuständig ist.

Während ich so in Gedanken bin, sieht Edson auf die Uhr. „Mensch, wir müssen sofort los, sonst bekommen wir den letzten Bus auf die Insel nicht mehr!“ Ich suche mit den Blicken nach dem Priester, um mich zu verabschieden, aber der segnet gerade eine Frau, die vor ihm auf dem Boden liegt. Also machen wir uns ohne Abschied auf den Weg durch das Menschengewühl. Im Vorraum ist es bereits kühler und draußen im Hof richtig empfindlich kalt. Die Straßen, auf denen vorhin noch der Markt gelärmt hat, liegen jetzt verlassen im Dunkel. Nur gelegentlich bewegt sich ein Schatten. Ein Mensch? Ein Hund? Erstaunlicherweise machen mir die Schatten gar keine Angst. Ich lehne müde an einer Straßenlaterne und fühle mich leicht und beschützt in der dunklen Nacht.

September

Es regnet nicht mehr. Endlich. Bei meinem Aufbruch im deutschen Frühsommer hatte ich an den Tropenregen nicht gedacht. Zwar hatte ich mal am Amazonas echte Sturzfluten erlebt, aber das war im Regenwald und ich wollte auf einer Insel im trockenen Nordosten leben. Dachte ich. Tatsächlich hat es seit meiner Ankunft beinahe täglich geregnet. Selten so nieselig wie in Deutschland, viel öfter unvermittelt herabstürzend, Beweis der wilden Kraft der Natur. Als es zum ersten Mal nachts auf mein Bett getropft hat, habe ich noch gedacht, mein Dach sei defekt. Inzwischen weiß ich, wenn die Wassermassen zu sehr prasseln, biegen sich die Dachplatten unter dem Gewicht, und es tropft durch. Zuerst habe ich – ganz deutsche Gründlichkeit – überlegt, das Dach neu zu decken. Mit echten Dachpfannen aus Ton, die sich nicht biegen, wie die leichten Recycling-Platten, die mein Vermieter benutzt hat. Aber schwere Tonpfannen brauchen einen massiven Dachstuhl, und das war mir dann doch zu viel Aufwand. Also habe ich eine brasilianisch improvisierte Lösung gefunden: Ich habe mir einfach eine Extradecke gekauft, unter der ich auch in solchen Nächten trocken schlafe.

Trotzdem freue ich mich, dass es nicht mehr regnet. Ich könnte glatt meine Flipflops gegen echte Sandalen tauschen! Sogar die Seen überall in den Sandstraßen, die in den nassesten Wochen knietief waren, sind zu Pfützen getrocknet. Statt bleierner Wolkentürme sehe ich nur kleine weiße Schäfchenwolken über dem Meer. „Jetzt fängt der Sommer an", sagt Vera freudig. Das stimmt nach dem Kalender zwar nicht so ganz, aber der strahlend blaue Himmel gibt ihr trotzdem Recht.

Ich folge ihrem Beispiel und breite erst meine Matratze und dann meine sämtliche Wäsche in der Sonne aus: Nachts trocken zu schlafen habe ich zwar geschafft, aber meine Sachen zu trocknen, ist eine viel schwierigere Aufgabe gewesen. In der Regenzeit steigt die ohnehin hohe Luftfeuchtigkeit auf geschätzte 120 Prozent. Genug jedenfalls, damit mein Ledergürtel schon nach ein paar Tagen grünen Schimmel ansetzt. Was im Schrank liegt, und sei es nur für eine Woche, riecht so muffig, dass ich es freiwillig wieder zur Schmutzwäsche lege. So war das bis letzte Woche. Heute ist die Restfeuchte in der Luft nur noch ein nettes exotisches Detail, Sonne und Wind trocknen meine Wäsche schneller als ein Trockner es schaffen würde, und überhaupt wird es endlich so heiß, wie sich die Kollegen in Deutschland meine neue Heimat vermutlich von Anfang an vorgestellt haben.

Die Arbeit und die alten Kollegen habe ich übrigens total vergessen. Vielleicht, weil ich hier deutlich weniger arbeite – weil der Wechselkurs so günstig ist und das Leben viel billiger als in Deutschland. Außerdem lebe ich schon fast so im Moment wie die Brasilianer. Dabei stellen sich mir ganz andere Fragen als in meinem Münchner Großstadtleben. Zum Beispiel, wenn ich von einem der vielen Freunde von Polho einen soeben aus dem Meer gezogenen Tintenfisch geschenkt bekomme. In Knoblauch gewälzt und kross gegrillt habe ich so einen schon gegessen, aber was muss man mit diesem glitschigen Etwas anstellen, damit es so schön knusprig wird? Oder wenn Polhos Tante wie fast jeden Abend seinen dreijährigen Bruder zum Schnorren vorbeischickt. Italo ist winzig, wirkt zerbrechlich und lächelt mich entwaffnend mit seinen weißen Zähnchen an: „Leihst du mir Geld für Brot?“, fragt er. Ich lehne es ab, Kleinkinder so zu manipulieren. Andererseits besteht bei Polhos Familie aus den pappigen Brötchen vom Supermarkt mit ein bisschen Margarine oder

Soßenresten vom Mittagessen oft das komplette Abendessen. Kann ich Italo sein Abendbrot verweigern? Meistens nicht.

Nachdem ich meine abendliche Brotspende in Italos Kinderhand gedrückt habe, schalte ich eher pflichtbewusst meinen Rechner an. Und finde eine Mail wie eine Botschaft aus der alten Welt. Eine Ex-Kollegin möchte nicht nur wissen, wie es mir geht, sie bestellt auch einen Beitrag, irgendetwas Touristisches mit Kultur.

Unwillkürlich überlege ich, ob ich so ein Thema nicht auf der Insel finden könnte. So gern ich früher rund um die Welt gereist bin, so gern bin ich jetzt einfach nur zuhause. Wühle im Garten, wo ich gerade versuche, Petersilie anzubauen, weil es die hier nicht zu kaufen gibt. Wandere am Strand entlang bis zum alten holländischen Fort an der Inselspitze und freue mich, dass ich auf dem Weg dorthin in meiner Stamm-Strandkneipe den Saft schon zum Einheimischenpreis bekomme, deutlich unter dem, was die Touristen aus den Reisebussen zahlen müssen. Am allerliebsten sind mir die Tage, an denen ich das freundliche Pferd ausleihe, das mich schon sicher durch die Junifeier getragen hat. Ich habe den Schecken „Shanti" getauft, und wenn Polhos Tante es erlaubt, setze ich meinen kleinen Kumpel vor mich in den Sattel, und wir streifen durch das Hinterland der Insel, wo auf den trockenen Hügeln Kleinstbauern dem harten Lehmboden ein paar Maniokknollen abzutrotzen versuchen. Wir schlagen uns durch halb zugewachsene Waldwege, schütteln wilde Papayas vom Baum und hoffen, dass die reifen Früchte beim Aufprall nicht völlig zerplatzen. Was an süßem Fruchtfleisch noch genießbar ist, schmeckt mir mindestens so gut wie ein edles Dessert. Aber unter Kultur und Tourismus versteht die Kollegin sicher etwas anderes.

Ich biete ihr an, über Olinda zu schreiben. Das ist ein Barockstädtchen in der Nähe, in dessen schönsten Kirchen jedes Jahr ein Musikfestival stattfindet. Sie ist begeistert, und dann klappt der Rest erstaunlich schnell. Júnior vom Fremdenverkehrsamt empfiehlt mich seiner Kollegin in Olinda, und so komme ich an eins der letzten freien Zimmer während des Festivals. Ich packe meine Tasche, überlasse meine Blumen Polhos Fürsorge, verabschiede mich von Vera und gehe zum Bus. Mit dem Auto wäre Olinda kaum eine Stunde von der Insel entfernt, ich brauche beinahe zwei. Der Bus spuckt mich auf einen weitläufigen Platz, auf dem es schon am frühen Nachmittag vor Menschen wimmelt, obwohl das Programm erst am Abend beginnt. Schwitzend stapfe ich eine steile Kopfsteingasse hinauf bis zu meiner Pension. Hinter der schweren Holztür des in Weiß und Rosé gestrichenen Kolonialhauses wartet die Vergangenheit: Auf ausgetretenen Steinfliesen stehen antike Möbel, an den Wänden hängen Gemälde und Leuchter. An einem glänzend polierten Sekretär begrüßt mich ein freundlicher junger Mann in Livree. So müssen die Sommerresidenzen der portugiesischen Herrschaften schon vor Jahrhunderten ausgesehen haben. Damals zogen sich die Adligen für die heißen Sommermonate auf Olindas Hügel zurück. Heute leisten sich die Wohlhabenden eher Wochenendhäuser am Strand oder in den Bergen.

Ich werfe meine Tasche auf das weiche Doppelbett in einer kleinen Bude unterm Dach, die vielleicht mal ein Dienstbotenzimmer war, und ziehe gleich wieder los. In den Straßen mit Buckelpflaster sind kaum Autos, dafür umso mehr Menschen unterwegs. Die Menge treibt scheinbar ziellos an den bunt gestrichenen Kolonialhäuschen vorbei. Auf einem kleinen Marktplatz wird gerade eine Art Lounge aufgebaut, und ich lasse mich auf einem der Polster nieder, bestelle einen Eiskaffee und genieße den Blick über rote Ziegeldächer, ehrwürdige Mangobäume, spitze Kirchtürme und spiegelglattes Wasser. „Ist hier noch frei?", fragt mich eine helle Stimme.

Ich bejahe, und eine zierliche Frau mit glatten dunklen Haaren setzt sich zu mir und guckt mich neugierig an. „Woher kommst du?“, fragt sie. Das fragen mich alle, weil ich mit meinen blonden Haaren, grünen Augen und der hellen Haut einfach keine Einheimische sein kann. Aber Adrianas Reaktion auf meine Antwort ist neu: „Oh, du sprichst Deutsch!“, sagt sie erfreut. Sie habe lange in Österreich gelebt, dort Tanz studiert. Das kommt in so breitem Wiener Dialekt, dass ich grinsen muss. Wir reden bald miteinander, als hätte ich unverhofft eine alte Freundin getroffen. Über europäische und brasilianische Mentalität, über Arbeit und Lebenshaltungskosten und schließlich über Männer. Adriana ist Single und ganz selbstverständlich heute hier allein unterwegs. Doch nicht alles nur eine Machowelt? Oder kommt ihr Selbstbewusstsein daher, dass die hellhäutige Adriana aus der Mittelschicht und der Millionenstadt Recife stammt?

Jedenfalls kennt sie sich auf dem Festival aus und zieht mich rasch in einen großen Raum am Rand des ehemaligen Sklavenmarkts, weil dort die Vorführung eines Dokumentarfilms über DJs in den Slums von São Paulo beginnt. Danach folge ich ihr hügelauf und hügelab bis zu einem Kloster mit üppig bepflanztem Garten. Schräge Geigenklänge und durchdringende Flötentöne füllen die strengen Säle des „Seminário de Olinda“. Ein Mönch in Kutte und Jeans erzählt, dass er das Festival seit den Anfängen unterstützt: „Wir sind hier fünf Mönche auf 6000 Quadratmetern, ein bisschen mehr Leben können wir dringend gebrauchen. Und da nur klassische Musik gespielt wird, konnte ich auch den Bischof davon überzeugen.“ Außer den Konzerten geben die eingeladenen Musiker jedes Jahr kostenlose Workshops und Kurse vor allem für Kinder und Jugendliche aus den Slums. „Im letzten Jahr war ein sehr talentiertes Mädchen dabei“, sagt der Mönch, „ich war sicher, dass sie dieses Jahr wieder kommen würde – aber sie hat sich mit einer Drogengang eingelassen und ist erschossen worden. Mit fünfzehn Jahren." Er wirkt dabei erstaunlich gefasst: Ob man sich an solche Geschichten gewöhnen kann?

Wir verabschieden uns von dem Mönch, gucken eine Weile bei den Proben zu und steigen bis zum Platz Praça da Sé, weil das laut Adriana der richtige Ort für den Sonnenuntergang ist. Nackte Glühlampen hängen statt Lampions an gespannten Drähten, darunter backen Freilichtköchinnen auf Gaskochern Tapioka, Teigfladen aus Maniokmehl. Das Rezept der Ureinwohner ergänzen sie mit üppigen Füllungen aus Bananen und Käse, Kokosraspeln und Hühnerfleisch, Käse, Marmelade und Kondensmilch zu kompletten Mahlzeiten. Ich lasse mir nur Kokos und Käse auf den Pfannkuchen raspeln und dazu eine Kokosnuss köpfen, die brasilianische Vorliebe für fettes Fleisch und Süßes ist mir heute zu viel. Vor der Kathedrale Igreja da Sé läuft ein Stummfilm, den ein uralter Pianist auf einem Flügel begleitet. Überall stehen, sitzen, flanieren Menschen – Paare, Familien mit Kindern, Freundesgruppen. Es liegt eine diskrete Feststimmung in der Luft, die sich angenehm von den oft stark alkoholgeschwängerten Feiern unterscheidet, die ich bisher erlebt habe.

Zum ersten Konzert kommen wir zu spät. Weil die Kirche schon voll ist, setzen wir uns auf den Rasen davor und schauen der Live-Übertragung auf der Großleinwand zu. Der Wind bewegt sachte die Königspalmen vor dem dramatischen Abendhimmel, und eine junge Frau mit wilden Locken singt mit glasklarer Stimme klagende Nordostweisen. Ich schließe die Augen und lasse mich von den Liedern davontragen, bis Adriana mich leise am Ärmel zupft. „Lass uns rüber gehen zur Kathedrale, damit wir zum Hauptkonzert nicht draußen bleiben müssen." Widerstrebend löse ich mich von der eindringlichen Stimme der Sängerin und folge meiner neuen Freundin wieder hügelan. Adriana hat Recht gehabt, es steht schon eine beachtliche Schlange vor der Kathedrale. Wir schaffen es gerade noch, hineinzugelangen und finden Stehplätze in einem Seitenschiff, wo ich mich an eine der Steinsäulen lehne und zuschaue, wie sich eine Gruppe schwarzer Musiker auf das Konzert vorbereitet. Dort, wo normalerweise der Altar steht, spielen die Jungs nicht etwa Klassik, sondern mitreißenden Zouk aus Martinique. Der Pianist legt über den Rhythmus jazzige Soli, und bald klatschen und schwingen in der prallvollen Kirche alle mit. Was wohl der Bischof davon halten würde?

Viel zu schnell ist die Show vorbei, und wir strömen hinaus in die Nacht. Ich habe wieder Hunger. „Lass uns ins Bonfim gehen, da treffen wir sicher die Musiker!" Das Bonfim ist ein französisches Restaurant, das so auch in Paris stehen könnte, mit seinen weiß gedeckten Tischen und den schwarz gekleideten Kellnern. Nur die Karte ist exotischer. Ich bestelle Garnelen in Mangosauce, Adriana einen Salat mit Palmherzen und Papaya. In München war ich oft mittags essen, weil das einfacher war, als zu kochen. Der Restaurantbesuch heute ist ein richtiges Fest. Ich genieße jeden Bissen und beobachte, wie sich das Lokal füllt. Zwei Tische weiter sitzt die Sängerin vom frühen Abend mit ihrer Band, direkt neben uns nehmen die Musiker aus Martinique Platz. Einer der Trommler zieht meine Blicke immer wieder auf sich mit seinen hellgrünen Augen, den schulterlangen Zöpfchen und dem engen T-Shirt, unter dem sich die Muskeln abzeichnen. Während ich noch schüchtern warte, ob er zufällig in meine Richtung schaut, werden die Brasilianerinnen aktiv: Eine streicht dem schönen Mann im Vorbeigehen über den Oberschenkel, eine andere zwinkert ihm frech zu. Eine sehr füllige Blonde geht direkt auf ihn zu, lächelt verführerisch und küsst ihn ohne Vorwarnung auf den Mund. Ganz schön mutig.

Adriana hat mich während der ganzen Szene beobachtet

und lacht. „Ungewohnt, so viel Offenheit?“, fragt sie. Ich nicke. „Wir haben in Brasilien einen deutlichen Frauenüberschuss, da musst du dich schon ranwagen, wenn mal so ein toller Mann greifbar ist“, erläutert sie und lacht wieder. „Das lernst du schon noch!“ Ob ich das wirklich will? Adriana lädt mich ein, mich mit ihr zusammen bei der Festivalparty nur für geladene Gäste einzuschleusen, die irgendwo in einem alten Lagergebäude steigen soll. Aber ich sage ab, ich muss dringend ins Bett, es ist weit nach ein Uhr morgens und damit Stunden später, als ich normalerweise auf der Insel schlafen gehe. Wir tauschen unsere Telefonnummern aus und verabreden, demnächst zusammen in Recife auszugehen.

Recife kenne ich nur von Tagesbesuchen, wenn ich zur Bank fahre, um Geld abzuheben. Mit dem Monatsbudget in der Tasche gehe ich meist noch ein bisschen bummeln. Wobei bummeln nicht ganz das richtige Wort ist. Tatsächlich schlängele ich mich zwischen Ständen fliegender Händler durch, die vom Spitzen-BH bis zur Rohrzange so ziemlich alles verkaufen, was man sich vorstellen kann. Manche schieben ganze Handkarren voller raubkopierter CDs vor sich her, deren Sound erstaunlich voll aus winzigen Lautsprechern dröhnt. Andere schnipseln Papaya, Ananas, Banane und Wassermelone zu frischem Obstsalat, wieder andere basteln aus Matschbrötchen, Würstchen und ein paar Löffeln voll Dosenmais Hotdogs auf Brasilianisch. Besonders gern besuche ich die Markthallen des Mercado São José – eine grün gestrichene Konstruktion aus Gusseisen, deren Einzelteile aus Europa eingeschifft wurden. Damals, als Zucker noch Luxusware war und Pernambuco zu den reichsten Ecken des Landes gehörte.

In der angenehm kühlen, dämmerigen Halle gibt es unzählige kleine Verkaufsboxen, in deren Tiefen sich wunderbare Fundstücke verbergen. Letztens habe ich kleine Öllämpchen aus Konservendosen für umgerechnet zwei Euro pro

Stück gekauft. Außerdem Körbe aus Bananenblättern und Bindfaden, die sich mit ihrer Kastenform perfekt als Büroablage eignen. Eine aus Lianen geflochtene Kugel von einem Stand für Fischereibedarf dient auf meiner Terrasse als Lampenschirm. Den aus Bananenblättern geflochtenen runden Sitzpuff gucke ich mir jetzt zum dritten Mal begehrlich an, kaufe ihn aber wieder nicht, weil ich einfach nicht weiß, wie ich das Ding im Bus nach Hause bringen soll. Dafür trage ich seit einer Minute einen großen, ebenfalls runden Wäschekorb mit Deckel vor meinem Bauch her, den ich eigentlich gar nicht kaufen wollte. Ich habe nur aus Neugier beim Händler nach dem Preis gefragt und bin gleich weitergegangen. Das hat der Händler wohl für eine Verhandlungsstrategie gehalten. Beflissen kam er mir hinterhergelaufen, um mir einen beachtlichen Nachlass anzubieten. So beachtlich, dass ich kurz ins Zögern geraten bin. Dann habe ich entschieden: Es ist schön, es ist billig, aber ich will das Ding wirklich nicht schleppen. Aber ich habe nicht mit dem Verkaufswillen des Händlers gerechnet. Oder ich habe eine falsche Vorstellung von dem Hungerlohn, den so ein Korbflechter irgendwo im Hinterland bekommt. Jedenfalls: Es geht noch billiger. Als der Korb nur noch die Hälfte des ursprünglichen Preises kosten soll, nehme ich ihn doch.

Und jetzt muss ich mit dem Riesenteil vor dem Bauch nach dem Taschennäher Edilson suchen, der hier in einer Nebengasse seinen Stand haben soll. Ich wollte meine Reisetasche eigentlich wegwerfen, weil der Reißverschluss kaputt war, aber Patrícia meinte: „Das kannst du nicht machen, so eine Tasche kostet hier ein Vermögen!“ Ich folge ihren Anweisungen, und schlüpfe neben einem Gewürzladen in eine Gasse, in die auch Menschen ohne Wäschekorb kaum hineinpassen würden. Versuche, im Vorbeigehen weder Nähgarne noch Spitze oder Stoffrollen von den Verkaufsständen zu werfen. Und stehe schließlich vor einem Tischchen, auf dem eine eiserne Nähmaschine rattert. Ein kleiner glatzköpfiger Mann mit Stecknadeln im Mundwinkel bedient das Ungetüm. Er winkt mich auf einen Hocker und näht konzentriert weiter. Erst als er die fertige Handtasche auf einen Stapel geworfen hat, nimmt er die Nadeln aus dem Mund und begrüßt mich. Ich zeige ihm den kaputten Reißverschluss. Scheint kein Problem zu sein. „Willst du gleich warten?", fragt Edilson. Ich nicke und sehe ihm zu, wie er von einer riesigen Rolle ohne nachzumessen ein Stück Reißverschluss abschneidet, den alten mit flinken Bewegungen aus der Taschenplane trennt und den neuen mit Nadeln fixiert. Einmal hin- und hergerattert, Fadenenden mit der Hand vernäht, fertig. Die Reparatur hat keine fünf Minuten gedauert. Ich bin begeistert. Letztens hat der Wind meinen Regenschirm doch so hässlich zerzaust. Laut Patrícia soll es einen Schirmmacher hier geben, der Billigstware so repariert, dass sie hinterher stabiler ist als neu.

An einem der Stände neben dem Markt kaufe ich ein paar Kiwis und eine große reife Ananas, dann mache ich mich auf die Suche nach der Adresse von Adriana. Sie wohnt am Rio Capibaribe in einer Straße voller Kolonialbauten. Ein altersschwacher Aufzug bringt mich in den 12. Stock. Adriana öffnet mir die Tür in Shorts und T-Shirt. Ich stelle Ananas, Kiwis, Wäschekorb und Tasche auf den dunkel glänzenden Parkettboden und gucke aus den Panoramafenstern: Auf der einen Seite sind der Fluss und die Altstadt zu sehen, auf der anderen das Flussufer bis zur Mündung und das Meer. Der Blick muss ein Vermögen wert sein. „Ich habe die Wohnung gekauft, als ich noch in Wien gearbeitet habe", erklärt Adriana. „Sie war ziemlich günstig, weil sie direkt am Wasser liegt und ich deswegen keinen Grundbucheintrag machen kann: Land direkt am Fluss oder am Meer gehört in Brasilien immer der União." Eine Immobilie zu kaufen, die einem dann doch nicht richtig gehört, kommt mir in meiner deutschen Ordentlichkeit ziemlich seltsam vor. Aber Adriana beruhigt mich, das sei in Brasilien ganz normal, und sie hätte auch keineswegs zu befürchten, dass ihr die Wohnung abgenommen würde. Toll ist sie, die Wohnung, keine Frage. Und es steht nicht einmal das übliche TV-Möbel darin: im Wohnzimmer eine Ledercouch und ein großes Bild an der Wand, in der Küche ein kleiner Holztisch mit Hockern und im Schlafzimmer ein Doppelbett, ein Kleiderschrank und ein Schreibtisch mit Computador und Mini-TV. Das ist alles. Ach nein, da hängt noch eine Hängematte. „Leg dich ruhig hinein, solange ich fertig koche!", sagt Adriana, und ich lasse mich in die Matte fallen und schaukele ein wenig. Zum ersten Mal, seit ich in Brasilien bin, fühle ich mich ganz ungezwungen bei einem Besuch. Bei Vera bin ich nie ganz sicher, ob sie mich vielleicht doch aushorchen will, wenn sie mich neugierig ausfragt. Polhos Tante ist vor allem an Spenden für Schnaps oder Brot oder Sonstigem interessiert. Patrícia hat mich wirklich in ihr Herz geschlossen – und würde mich deswegen liebend gern für ihre Art zu leben bekehren. Weil ich nach ihrer Meinung viel zu lässig herumlaufe, meine Haare zu selten föhne, meine Klamotten nicht bügele und mich nicht schminke, spüre ich ständig ihren kritischen Blick auf mir.

Adriana scheint solche Details gar nicht zu bemerken. Sie serviert Reis und eine Art Eintopf aus dicken Bohnen – das brasilianische Standardessen und erzählt, dass ein Tanzfestival in der Stadt läuft. Ob ich nicht über Nacht bleiben möchte, dann könnten wir heute zum Tanz und am Sonntag zum Kunsthandwerkmarkt gehen. Wir geraten ins Plaudern über Adrianas Erfahrungen in Europa und meine in Brasilien, und es beginnt zu dämmern, als wir aufbrechen. Um diese Uhrzeit stehe ich normalerweise in der Schlange für den Bus zurück auf die Insel, so habe ich nie bemerkt, dass abends neue fliegende Händler schnelles Essen für die hungrigen Angestellten zubereiten: asiatische gebratene Nudeln oder Maisbrei, gegrillte Fleisch- oder Käsespieße oder Suppen in riesigen Terrinen. Schade, dass wir gerade gegessen haben.

Wir überqueren den Fluss, laufen an einem sonnengelb gestrichenen Jugendstiltheater und am Regierungspalast vorbei und queren erneut den Fluss, wo an einer Biegung ein Angler kleine silbrige Fischlein aus der trüben Brühe holt. Auf der anderen Flussseite hat ein weiterer Fischer seine orange glänzende Beute auf altem Zeitungspapier ausgebreitet – ob sie auch aus dem brackigen Wasser stammt? Während ich noch neugierig gucke, ob jemand die Fische kaufen will, bemerke ich ein dumpfes Geräusch, das die Abendluft erfüllt.

Der Lärm führt zu einem kleinen Grüppchen Menschen, das zwischen hohen Jahrhundertwendebauten in Pastelltönen mit Trommeln verschiedener Art und Größe die durchdringenden Rhythmen produziert. Die Häuser haben portugiesische Händler erbaut, im Erdgeschoss wurden die Waren gelagert, in den oberen Etagen wohnten die Familien. Frauen durften sich das Treiben der Stadt nur vom Balkon aus ansehen. Als die Zuckerbarone mit dem Verfall der Zuckerpreise ihren Reichtum verloren, gaben sie die Prachtgebäude in der Stadt auf. Heute sind Banken und Büros in den historischen Bauten untergebracht, und die Trommler können sich nach Herzenslust austoben.

Am Ende der Straße leuchtet das Meer. Manche Reiseführer nennen Recife das „Venedig der Tropen“, vielleicht, weil das Stadtbild hier wie beim italienischen Vorbild von reichlich Wasser bestimmt ist. Vom Meer weht eine frische Brise über den Platz Marco Zero, der so etwas wie der Grundstein der Stadt ist. Ich kaufe mir eine Tüte Popcorn, und wir lassen uns mit einem Ruderboot zu einer schmalen Landzunge übersetzen. Ich hatte gar nicht gemerkt, dass mir so etwas gefehlt hat. Erst Olinda, jetzt Recife, mit Kunst, Kultur, Menschen auf meiner Wellenlänge. Nach dem Tanztheater – einer Verschmelzung von Hip-Hop mit afrikanischen Elementen – schwebe ich wie schwerelos durch die leeren Straßen zurück. Glücklich schlafe ich in Adrianas Hängematte bis zum nächsten Morgen.

Sonntag in der Stadt. Mit Autohupen aufzuwachen, statt mit dem Hahnenschrei, ist richtig ungewohnt. Wir sitzen an dem Holztisch in der Küche mit Weitblick zu beiden Seiten, trinken Milchkaffee und Ananassaft, essen frische Brötchen und meine mitgebrachten Kiwis. Die Wochenendausgabe der Zeitung teilen wir uns wie ein altes Ehepaar: Adriana nimmt das Feuilleton, ich bin mit dem Lokalteil zufrieden.

Nach einem vertrödelten Tag in der Wohnung ziehen wir abends wieder los. In die breiten Straßen des Altstadtviertels Recife Antigo, wo heute unter den Jahrhundertwendebauten Kunsthandwerker ihre Stände aufgebaut haben. Aus Kokosnüssen gefertigte Bettlampen, handgeschnitzte Bilderrahmen und selbstgenähte Taschen – wie bin ich je auf die Idee gekommen, mein Geschmack sei mit dem brasilianischen nicht kompatibel? Der Markt mündet auf einen kleinen Platz mit einer gepflegten Rasenfläche, auf der schon einige junge Leute lagern. Wir setzen uns dazu, gucken in den Sternenhimmel und lauschen dem Forró, den eine Live-Band vor einem niedrigen Kolonialhäuschen spielt. Ein halbes Dutzend Paare tanzen dazu auf dem Kopfsteinpflaster, eine wilde Mischung aus gesetzt wirkenden Herrschaften, Hippies in Flatterhosen und Teenies in knappen Miniröcken. Hier scheint Folklore nichts Altbackenes an sich zu haben. Unvorstellbar, dass deutsche Teenies so begeistert Polka oder Schuhplattler tanzen würden! Adriana wirbelt gerade mit einem jungen Kerl herum, und ich hole mir an einem Stand eine frische Kokosnuss. Solche Stadtbesuche werde ich garantiert öfter machen.

Oktober

Der Anruf kommt, als ich gerade mit einem Bekannten bei Adriana Tee trinke. Ob ich einen Mini-Reiseführer über Rio de Janeiro recherchieren kann. Klingt verführerisch, aber ich fürchte, der Auftrag ist eine Nummer zu groß: Ich kenne mich doch gerade mal halbwegs in Recife aus. In Rio war ich noch nie. Ich bitte um Bedenkzeit bis morgen. „Was, du kennst Rio nicht?", fragt Adrianas Bekannter Ricardo. „Dann musst du die Chance unbedingt nutzen!"

Ricardo ist Carioca und glaubt, dass Rio die schönste Stadt der Welt ist. Selber zeigen kann er sie mir leider nicht, weil er in Recife arbeitet. „Aber ich habe eine Großtante dort, die kann dir sicher helfen!" Ricardos Begeisterung steckt mich allmählich an. Gespannt höre ich zu, was er der Tante am Telefon erzählt: Seine gute Freundin aus Deutschland – wir sehen uns heute zum ersten Mal – müsse dringend für eines der wichtigsten deutschen Magazine in Rio recherchieren und könne dabei Unterstützung gebrauchen. Ja, sie spreche fließend Portugiesisch. Nach wenigen Minuten hebt er den Daumen zum Okay-Zeichen und flüstert: „Du kannst bei ihr wohnen!" Mir fällt ein, dass ich in mehreren Reiseführern gelesen habe, dass es nie ernst gemeint ist, wenn Brasilianer Fremde in ihr Haus einladen. Aber Ricardo schreibt mir Adresse und Telefonnummer der Tante auf und zeichnet mir sogar eine Skizze, damit ich das Haus auch wirklich finde. Alice sei so reich, sagt er, dass sie extra ein Gästezimmer für spannende Besucher unterhalte, weil sie gerne neue Leute kennenlerne. Hoffentlich bin ich ihr spannend genug!

Wieder Abschied von Polho. Dieses Mal werde ich zwei Wochen wegbleiben, eine ziemlich lange Zeit für einen Fünfjährigen. Seine schwarzen Augen glänzen verdächtig, als er mir versichert: „Ich kümmere mich um alles, du musst dir keine Sorgen machen!" Auch mir wird seltsam schwer ums Herz bei dem Gedanken, den Knirps so viele Tage nicht zu sehen. Viele auf der Insel glauben inzwischen, er sei mein Sohn. Ich zeige ihm noch einmal die besonders empfindlichen Petersilienpflänzchen und die frisch gesprossenen Papayabäumchen und drücke ihn an mich. Dann umarme ich Vera und sehe aus dem Augenwinkel, wie Esmeralda hinter ihrer Terrassentür versteckt die Szene beobachtet. So richtig warm sind wir nicht miteinander geworden, auch wenn ich sie nie auf ihre Erziehungsmethoden angesprochen habe. „Darf ich mit dir bis zum Bus gehen?", fragt Polho. Ich kann gerade noch verhindern, dass er meine schwere Tasche schultert.

Im Landeanflug auf Rio, sehe ich zum ersten Mal live die gewaltige Kulisse der Guanabara-Bucht und der sich majestätisch dahinter erhebenden Hügel. Das Taxi braucht keine zehn Minuten vom Flughafen bis zu einer von Königspalmen gesäumten Einfahrt und setzt mich vor einem gepflegten Wohnblock ab, der um die Jahrhundertwende erbaut sein muss. Ich betrete eine mit Marmor verkleidete Eingangshalle mit einer Rezeption wie in einem Hotel. Ein Pförtner in Livree fragt mich, zu wem ich denn wolle und meldet mich per Interfon an. Dona Alice sei nicht da, erfahre ich, aber ich würde erwartet. Er begleitet mich bis zum mit Holz getäfelten Aufzug und drückt noch den Knopf für mich, bevor er sich verabschiedet.

Die einzige Eingangstür im zehnten Stockwerk ist angelehnt. Vorsichtig öffne ich sie und rufe: „Bom dia!" Die rundliche schwarze Frau mit weißer Schürze, die mich begrüßt, sieht aus wie das Dienstmädchen in der Novela bei Vera. „Ich bin Maria", stellt sie sich vor. „Komm, ich zeige dir dein Zimmer!" Resolut nimmt sie mir meine Tasche ab und geht voran. Die Wohnung ist mehr als geräumig und mit ausgewählten Antiquitäten dekoriert, eine mit Sandsteinen belegte Dachterrasse mit Blick auf die Christusstatue bietet Raum für Blumen und sogar Palmen in Töpfen. Mein Zimmer liegt im Obergeschoss und könnte in einem Luxushotel nicht bequemer sein: frisch bezogenes Doppelbett, eigenes Telefon auf dem Nachttischchen, ein TV-Bildschirm über dem Bett, ein kleiner Schreibtisch am Fenster. Maria zeigt mir außerdem ein Marmorbad, das fast so groß ist wie mein Wohnzimmer auf der Insel, und erklärt beinahe entschuldigend, das müsse ich mir mit Dona Alices' Adoptivtochter teilen. „Wenn du dich frisch gemacht hast, kannst du in die Küche zum Essen kommen, es ist alles fertig."

Nach einer ausgedehnten heißen Dusche – bei mir zuhause kommt nur Kaltwasser aus der Leitung – steige ich die Treppe hinunter. Die Küche ist mit Edelstahl, Marmor und Granit ausgestattet, der Tisch darin liebevoll mit Stoffserviette und Blumenstrauß für eine Person gedeckt. Marias zuvorkommende Art, mir jeden kleinsten Handgriff abzunehmen, ist für mich so ungewohnt, dass ich mich ein wenig unbehaglich fühle, während ich frischen Fisch, Bohnen, Reis und Salat esse. Zum Nachtisch serviert sie hausgemachten Karamellpudding und echten Espresso. Ob Maria das alles nur für mich gekocht hat? Dona Alice sei den ganzen Tag unterwegs, sagt sie, am nächsten Morgen solle ich um neun Uhr mit ihr frühstücken. Das klingt wie ein Audienztermin bei einer Königin.

Nach einem Blick auf den Stadtplan stelle ich fest, dass ich zu meinem Nachmittagstermin zu Fuß gehen könnte – wenn ich den Weg kennen würde. Ich bin mit der Besitzerin eines Hostels verabredet, das in einem Slum direkt neben dem Wohnviertel Laranjeiras liegt, in dem ich wohne. Trotz der Palmen und tropischen Bäume kommt mir Rio fast europäisch vor. Die Architektur erinnert an Lissabon, der Zeitungskiosk am Platz Largo do Machado hat sogar Werke von Kafka und Simenon in den Regalen liegen, daneben duftet die bunte Ware eines Blumenhändlers, und auf einer freien Fläche unter Bäumen zeigen drei junge Männer in weißen Trainingshosen modernen Tanz. Fast tut es mir leid, dass vor der Kirche schon der Kleinbus wartet, der mich zum Eingang des Slums Pereirão bringen soll. Mit Einkaufstüten beladene Frauen und Schulkinder steigen mit mir ein, bis jeder Kubikzentimeter des Gefährts genutzt ist. Ächzend fährt es hügelan durch eine sehr lange, mit Bäumen bestandene Straße mit mehrstöckigen Wohnhäusern und zwei Privatschulen. An deren Ende steigen alle aus. Hier endet die geordnete, wohlhabende Welt. Zwei Bretterbuden dienen als Stehausschank, wo manche der Passagiere noch schnell ein Bier trinken, bevor sie sich an den steilen Aufstieg machen. Ein asphaltierter Fußweg windet sich so eng zwischen zwei Häusern hindurch, dass ich erst denke, er führe in einen Hinterhof. Dicht an dicht kleben die Häuschen am Steilhang. Ganz oben leuchtet tiefgrüner Wald – früher muss der Hügel komplett bewaldet gewesen sein. Inzwischen haben Häuser aus meist unverputzten Ziegelsteinen die Bäume ersetzt. Viele Wände sind mit unverständlichen Nachrichten besprüht. Manche Hütten wirken schäbig und ungepflegt, vor anderen schmücken zu Blumentöpfen umfunktionierte alte Farbdosen, kaputte Schüsseln und Töpfe den Eingang. Als sich auf halber Höhe der Weg gabelt, frage ich ein Mädchen in Schuluniform nach dem Hostel. „Ach, du willst zu Andreia!", sagt das Mädchen und zeigt auf einen großen, weiß gestrichenen Bau ein ganzes Stück weiter oben. Ich biege ab in einen noch engeren, noch steileren Weg, über den seifiges Abwasser rinnt. Allmählich gerate ich ins Schwitzen. Keuchend stehe ich endlich vor der schweren Holztür des Hostels, das durch kein Schild gekennzeichnet ist. Ich klopfe an und warte. Nichts. Klopfe stärker. Wieder nichts. Beim Versuch, ein offenes Fenster zu entdecken, bemerkt mich ein schwergewichtiger Rottweiler auf dem Flachdach und bellt mich an, als wolle er mich am liebsten zerfleischen. Ich klopfe noch einmal. Schlurfende Schritte bewegen sich hinter der Tür. Es öffnet eine verschlafen wirkende schwarze Frau mit langer Rastamähne. „Was willst du", fragt sie kurz angebunden. „Ich bin Christine", sage ich, „ich bin hier mit Andreia für ein Interview verabredet." „Andreia bin ich", sagt sie, „aber ich gebe keine Interviews, ich mag keine Presse." Moment, den Termin habe ich selbst telefonisch mit ihr ausgemacht und dabei deutlich gesagt, dass es um Presse geht. Andreia will sich nicht erinnern. Ich werde langsam sauer. „Jetzt will ich erstmal ein Glas Wasser ", sage ich, ebenso kurz angebunden wie sie, „immerhin bin ich wegen dir den ganzen Weg hier hochgeklettert." Als sei ihr der raue Ton lieber, öffnet die Frau die Tür und lässt mich in einen Raum eintreten, der fast so groß ist, wie das Luxuswohnzimmer bei Ricardos Tante vorhin. Nur dass hier die Wände in wilder Wischtechnik gestrichen sind und das Mobiliar aus einem zerbeulten Sofa besteht, das mit einer bunten Decke verschönert ist. Der Blick vom Balkon ist atemberaubend: weit über die Stadt und die Guanabara-Bucht bis auf den Zuckerhut.

Andreia geht voran in die geräumige Wohnküche, wo ich auf einen Stuhl sinke und in einem Zug ein Glas Wasser leere. „Willst du einen Kaffee?", fragt sie mich plötzlich und schiebt mir eine Tafel Lindt-Schokolade über den Tisch: „Die deutschen Gäste bringen mir manchmal solche Dinge mit." Was ist denn jetzt los? Andreia scheint wie verwandelt. Braucht sie ihre Schroffheit im Slum sonst als Abwehr? Oder war sie eben einfach nur schlecht gelaunt? Jedenfalls trinken wir bald gemütlich zusammen Kaffee, lassen die Schokolade im Mund zergehen, und Andreia erzählt von ihrer Kindheit im Süden des Landes, wo sie als Schwarze zu einer diskriminierten Minderheit gehörte. Dort war sie viele Jahre Kindermädchen bei reichen Leuten und hatte Mühe, sich gegen die sexuellen Übergriffe des Arbeitgebers zu wehren. „Ich habe dazugelernt!“ Ihr raues Lachen hat einen bitteren Beiklang. „Als die Drogenbosse der Favela mit Waffen in der Hand vor der Tür standen, um mich mal kennenzulernen, bin ich cool geblieben.“ Mit Kriminalität habe sie nichts zu tun, wollte sogar ihr Geschäft bei der Stadt anmelden, um Steuern zu zahlen. „Aber da haben mir die Beamten gesagt, ich könne gleich wieder gehen, weil Unternehmen im Slum nicht legalisierbar sind.“ Sie lacht wieder, diesmal spöttisch. „Wenn sie keine Steuern haben wollen, bekommen sie eben keine. Hauptsache, sie wollen mir nicht irgendwann den Laden abreißen.“

Sie gibt sich hart und verschlossen, öffnet aber ihren zahlreichen Bekannten freigiebig Tür und Kühlschrank. Alle paar Minuten schneien unangemeldete Besucher herein. „Andreia! Stell dir vor, ich habe endlich die Hormontabletten bekommen!“, ruft ein hübscher Junge mit Lockenmähne. „Jetzt wachsen mir Brüste, mindestens so groß wie deine!“ Ein blasser Typ hat Andreia Medikamente für den Rottweiler mitgebracht. „Aus der Stadt“, sagt er. Stadt ist offenbar alles, was außerhalb der Favela liegt, in der sich alle kennen, wie auf dem Dorf. Ein magerer Nachbar stellt sich mir als „der Nachbar“ vor – er lädt mich ein, beim nächsten Besuch doch bei ihm zu wohnen und will dann doch erst mal ein paar Zigaretten schnorren. Und der blonde Hostelgast mit schwerem Rucksack wendet sich ganz selbstverständlich an mich, um einen Preisnachlass auszuhandeln, als sei ich die Chefin des Ladens.

Andreia grinst nur, anstatt das Missverständnis aufzuklären. Mir ist es peinlich, dass der Deutsche offenbar glaubt, die Schwarze könne nur meine Angestellte sein.

Die vorwiegend europäischen Gäste des Hostels finden es spannend, in der Favela zu wohnen. Laufkundschaft gibt es keine, alle Gäste reservieren und kündigen sich vorher an, so muss Andreia nicht ständig an der Rezeption sitzen. „Ich habe schon genug zu tun mit Putzen, Bettwäsche bügeln und Tipps geben!", sagt sie. „Viele wollen ja am liebsten an die Hand genommen werden, um die Stadt kennenzulernen." Da das Hostel inzwischen auch von den Drogenbossen akzeptiert ist, sind sie mitten im Slum so sicher wie anderswo in der Stadt. Mindestens, findet Andreia. Einmal habe ein angeheiterter Gast sogar im Garten auf einer Bank übernachtet: „Das soll er mal in Copacabana versuchen".

Es ist schon ziemlich spät, als eine selbstbewusst wirkende junge Frau hereinwirbelt und sich eine Bierdose aus dem Kühlschrank holt. „Ich habe heute frei und will die Lapa unsicher machen – geht ihr mit?" Andreias Cousine schließt mich in die Einladung ein wie eine alte Freundin, und beinahe fühle ich mich auch schon so – immerhin kenne ich mittlerweile Andreias halbe Lebensgeschichte. „Klar, machen wir!", sagt die Frau, die mir vor ein paar Stunden kaum die Tür öffnen wollte. „Kommt ich leih euch was zum Anziehen!" Sie zieht uns in ihr Schlafzimmer, verpasst mir eine hautenge schwarze Jeans und einen Hip-Hop-Kapuzenpulli, sucht ihrer Cousine Sol eine golden schimmernde Bluse aus und sich selbst eine übergroße Latzhose und silberne Sneakers. Dann ziehen wir los.

Die Lapa ist ein Teil des historischen Zentrums von Rio, der lange Zeit in Vergessenheit geraten und nur von Prostituierten bewohnt war. Wegen der günstigen Mieten siedelten sich auch Antiquitätenhändler an, und bei denen versammelten sich an Wochenenden Freunde zum Sambaspielen, Singen und Tanzen. Was in Rio ständig irgendwo passiert: Auf dem Wochenmarkt, an einer Straßenecke, auf einer Parkbank. In der Lapa haben sich aus den Sambarunden Kneipen und Clubs entwickelt, und die Stimmung auf der Straße erinnert mich an Berlin in einer Sommernacht.

Wir stehen unter den hell angestrahlten Rundbögen des alten Viadukts und beobachten Menschen. Eine Gruppe Touristen in Trekkingsandalen und Outdoorkleidung sucht ängstlich Schutz auf der Terrasse eines Cafés. Ein Schwarzer hat seine Locken passend zu den Nasenringen golden eingefärbt und jongliert mit leuchtenden Keulen. Eine Frau mit Rastazöpfen tanzt selbstvergessen mitten auf dem Bürgersteig. Neben uns auf einem Metalltischchen mixt ein Bärtiger Caipirinha, die man laut einem gemalten Schild sogar mit Kreditkarten bezahlen kann. In der Lapa ist Platz für alle Verrücktheiten. Andreia zieht uns in eine weniger belebte Nebenstraße zu einem Lokal ohne Türschild: „Das ist ein illegaler Club", erklärt sie, „den gibt es vielleicht nächste Woche nicht mehr, aber heute bekommen wir hier freien Eintritt und einen Drink umsonst." Wir tanzen auf schwarz gestrichenem Betonboden vor mit Graffitis besprühten Ziegelwänden zu brasilianischem Hip-Hop und schlürfen starke fruchtige Drinks. Nach dem ersten drückt mir der Barkeeper zwinkernd einen zweiten gratis in die Hand: „Schöne Frauen zahlen bei mir nicht!"

Den dritten Cocktail aber will ich in einer Sambakneipe trinken, und meine Begleiterinnen schieben mich zielstrebig durch die Rua do Lavradio mit ihren Restaurants und Musikkneipen in renovierten Jahrhundertwendebauten bis zum weniger edel aussehenden Tiradentes-Platz. An dessen Kopfseite sitzt ein grauhaariger Mann vor einer unscheinbaren Tür. Für einen Eintritt von bescheidenen zehn Reias dürfen wir die geschwungene Treppe hinaufsteigen in den „Salon". Dort tanzen bestimmt zwei Dutzend Paare auf einer spiegelglatten Fläche zwischen Säulen Samba. Mit dem provokanten Hüftschwung der Karnevalstänzerinnen hat ihr Samba nicht viel zu tun. Er ist ein eleganter Paartanz mit sehr diskretem Sexappeal. Vermutlich ist mir anzusehen, dass es mit meinem Samba nicht weit her ist – ich werde heute gar nicht erst aufgefordert. Sol hingegen verschwindet sofort in den Armen eines Herrn in weißem Hemd, schwarzer Weste und Anzughose, und Andreia muss alle halbe Minute ablehnend den Kopf schütteln, um sitzen bleiben zu können.

Es ist drei Uhr morgens, als ich die knarzende Aufzugstür bei Dona Alice hinter mir schließe. Sechs Stunden später steige ich mit vor Müdigkeit noch wackeligen Beinen die Treppe wieder hinunter zu meiner Verabredung mit meiner Gastgeberin. Dona Alice sitzt schon am Küchentisch und mustert mich prüfend: „Na, die Nacht war wohl etwas länger", sagt sie, und ich bin mir nicht sicher, ob das amüsiert oder missbilligend klingt. Dona Alice ist klein, sehr kompakt und auch sonntags morgens zuhause gepudert und frisiert, als wolle sie gleich ins Theater. „Maria", ruft sie jetzt streng, „unser Gast ist wach!" Prompt erscheint die mütterliche Frau, die mich gestern in Empfang genommen hat, zieht mir einen Stuhl heran und tischt auf: Kräuteromelette, Obstsalat, Kuchen, einen Nachschlag für die Käseplatte, drei Sorten Brot, Milchkaffe und frisch gepressten Orangensaft. Als ich nur zögernd zulange, ermuntert mich Dona Alice mehrmals: „Nur keine Bescheidenheit!" Sie selbst nippt derweil an einem grünen Saft und erklärt: „Ich muss dringend abnehmen!" Dann erzählt sie von ihrem hohen Blutdruck und der Gymnastikassistentin, die mehrmals pro Woche ins Haus komme. „Aber wenn ich keine Lust auf die Übungen habe, lasse ich mich nur massieren", dabei grinst sie zufrieden, als habe sie erfolgreich eine Gegnerin ausgetrickst. Ich muss auch grinsen und taue allmählich auf. Nur, dass ich mir nicht einmal selbst Saft eingießen darf, irritiert mich immer noch. Ich bin es einfach nicht gewohnt, bedient zu werden wie eine Prinzessin. Alice hingegen erzählt aus ihrem Leben, als sei Maria gar nicht anwesend und dirigiert andererseits mit Blicken deren kleinste Handgriffe.

Sie ist in Rio geboren und aufgewachsen, und als sie hört, dass ich für einen Reiseführer recherchiere, diktiert sie mir gleich sämtliche Tipps in den Rubriken Restaurants und Kultur ins Notizbuch. „Nachher zeige ich dir den Hippiemarkt in Ipanema", bestimmt sie, „und dann gehen wir Sushi essen." Wir gucken uns auf dem Markt handgenähte Kleider und Ledersandalen und allerlei Schmuck an. Alice probiert mutig handbemalte Leggins in wilden Farben an – und kauft dann eine für mich, weil das „nur für so dünne Knochen wie dich etwas ist". Beim Sushi in einem Einkaufszentrum im Nobelviertel Leblon erzählt sie mir von ihrem Liebhaber, und als sie beim Nachtisch die ersten Familienintrigen auspackt, fühle ich mich schon fast dazugehörig.

In den nächsten Tagen wechsele ich ständig die Welten. Gucke mir tagsüber mit Sol Secondhandshops und Hostels für Rucksacktouristen an und gehe abends mit Alice in ein Musical. Lasse mir von Andreia die besten Adressen für Funkpartys geben und treffe mich dann mit Alice zum Klassikkonzert im Fort von Copacabana. Den Tipp mit dem Kulturzentrum der Banco do Brasil habe ich von Andreia. Die größte brasilianische Bank sponsert in einem mehrstöckigen Prachtbau im Stadtzentrum Ausstellungen, Konzerte und Theateraufführungen. Zurzeit laufe eine grandiose Ausstellung über den Jazztrompeter Miles Davis, hat sie gesagt. Ich lausche mich durch verschiedene Epochen seines Schaffens, und weil die Räume am Montagvormittag so leer sind, gucke ich mir anschließend noch die Ausstellung eines Zeichners, Autors und Kolumnisten an. Nur eine weitere Frau steht mit mir vor den Bildern, und wie so oft in Brasilien, kommen wir unvermittelt ins Gespräch.

Rejane erklärt mir, dass Fernando Millôr zu den Kulturikonen des Landes gehöre, ein Multitalent und Querdenker, den sie sehr schätze. Leider ist er bereits verstorben. Ihr Portugiesisch klingt nicht nach dem typisch weichen Akzent von Rio. „Nei, ich bin aus dem Süden", sagt sie auf Deutsch, „meine Vorfahren sind Deitsche gewesen." Von den deutschen Auswanderern im Süden Brasiliens habe ich viel gehört. Von ihrem Oktoberfest, den Fachwerkhäusern, deutschen Traditionen. „Apfelstrudel", sagt Rejane, „den gibt's bei uns viel, magst du den?" Wir setzen uns ins Museumskaffee, und ich erfahre die Geschichte eines brasilianischen Mädchens, das kein Portugiesisch konnte, als es in die Schule kam, weil es zuhause nur den Hunsrücker Dialekt gesprochen hatte, der mit den Einwanderern vor vielen Jahrzehnten übers Meer gekommen war. Rejane ist als junge Frau nach Rio gegangen, weil sie Schauspielerin werden wollte – und jetzt hat sie gerade einen Film über ihre alte Heimat fertig gedreht. „Nächste Woche fahre ich übrigens in die Walachai", sagt sie, „komm doch einfach mit!" Das Tal, aus dem Rejane stammt, heißt wirklich so. Wir verabreden, dass ich ihr bis Mitte der Woche Bescheid gebe, ob ich mitfliege an dieses Ende der Welt.

Andreia und Alice reden mir zu, ich solle die Reise machen: „So eine Chance bekommst du nur einmal", sagen beide. Und als sie merken, dass ich zögere: „Sei doch nicht so deutsch!" Damit meinen sie vermutlich einen gewissen Mangel an Flexibilität, den sie den Deutschen unterstellen. Tatsächlich wird mir manchmal ganz schwindelig bei der brasilianischen Spontaneität. Dabei habe ich mich seit meiner Ankunft in Brasilien schon verändert: Vor einem halben Jahr hätte ich die Einladung von Rejane sicher ganz spontan ausgeschlagen. Jetzt renne ich erstmal durch Rio und mache wie eine Wilde Kreuzchen in meinen Stadtplan für den Reiseführer: die ausgefallene Boutique, die beste Eisdiele, die angesagte Bäckerei. Ich bin noch keine zehn Tage hier und kenne mich schon richtig gut aus – dank Alice und Andreia.

Am Mittwoch besuche ich Rejane. Sie wohnt in einer von Palmen gesäumten Straße im Viertel Flamengo, nur zehn Minuten vom Strand entfernt. In ihrem Wohnzimmer hängen Filmplakate, darunter auch das von „Walachai". Darauf ist ein großer schmaler Mann zu sehen, der stehend einen Ochsenkarren lenkt.

„Das ist mein Onkel Lídio", sagt Rejane, „den besuchen wir auch." Also gut. Ich mache es. Buche meinen Flug um und fahre mit ihr. Der Abschied von meinen neuen Freundinnen fällt mir schwer. „Das nächste Mal, wenn du kommst, wohnst du hier und ich flechte dir Rastazöpfe", verspricht Andreia, „dann erzählen wir allen, wir seien Schwestern." Sie lacht sich halb kaputt bei der Idee. Alice lässt sich versprechen, dass ich ihr den Reiseführer schicke, sobald er erschienen ist. Und dass ich mich melde, wenn ich mal wieder in Rio zu tun habe: „Vergiss nicht, dein Zimmer steht bereit!"

Porto Alegre, die Hauptstadt des Bundesstaates Rio Grande do Sul, ist eine Kleinstadt im Vergleich zu Rio oder Recife. Die Walachai liegt siebzig Kilometer weiter im Landesinneren, und die Straßen werden schmaler und löcheriger, je weiter wir kommen. Walachai heißt der Ort und ein ganzes Tal, das die brasilianische Krone im frühen 19. Jahrhundert an Einwanderer verschenkt hat, die mutig oder verzweifelt genug waren, sich in der Einsamkeit dieser schwer bestellbaren Hügellandschaft niederzulassen. Im Hunsrück hungerten damals die Leute und fuhren übers Meer, um hier ihr Überleben zu suchen.

Es ist dunkel, als wir bei Rejanes Familie ankommen. Sie lebt in einem kleinen Holzhaus mit verglaster Veranda. Rejanes Cousine Silvana erwartet uns an der Tür und bittet uns in die warme Küche, wo in einem mit blauen Blumen bemalten Holzofen aus Gusseisen und Emaille das Feuer lodert. Darauf kocht Wasser für den obligatorischen Matetee. Rejanes Onkel Lídio ist fast noch schmaler als auf dem Filmplakat, nur hat er in der niedrigen Stube seinen langen Körper auf einem Schemel zusammengefaltet. Seine rissigen Finger rollen aus einem Maisblatt eine Zigarette. Ein Palheiro sei das, erklärt er, ich übersetze mir den Begriff mit „Strohling". Mit Nachdruck betont er: „Der Tabak ist hier aus dem Tal, da ist kein Gift drin, gar kein Gift!" Und lächelt dabei verschmitzt. Seine Tochter schüttelt missbilligend den Kopf, scheint's hat sie die Diskussion um Lídios gesunde Palheiros schon hundert Mal geführt, und reicht mir den Matetee und ein Stück selbst gebackenen Hefezopf.

In Rio habe ich mit Rejane Ausschnitte ihres Films gesehen und die lieblichen Szenen darin teilweise für ein bisschen übertrieben gehalten. Und jetzt sieht es wirklich so aus. Das Messing des Ofens ist so blank gescheuert, als sei er heute erst geliefert worden. Der Linoleumboden glänzt, die Gardinen sind frisch gestärkt, Schnittblumen stehen auf der Wachstuchdecke. Lídio gestikuliert mit seinem Palheiro in der Hand, erzählt Dinge, von denen ich nicht die Hälfte verstehe, und zieht dabei die buschigen Augenbrauen immer wieder finster zusammen – nur um in der nächsten Sekunde voller Schalk zu lachen. Nach dem Tee schlurft er in den engen Kuhstall zum Melken. Nimmt Platz auf dem winzigen Melkschemel und lässt die warme Milch in einen kleinen Eimer zischen, wie vor hundert Jahren. Den Acker bestellt er mit seinem Ochsengespann, erzählt er. Wenn ich will, kann ich morgen mitfahren, Zwiebeln ernten.

Die Nacht verbringen wir bei einer anderen Cousine, einer Universitätsprofessorin, die hergezogen ist, weil sie die Stille liebt. Es wird so kalt in dem schmalen Holzbett, das ich alle drei Wolldecken brauche, die sie mir bereitgelegt hat. Frühmorgens liegt dichter Nebel über dem Tal. Lídio ist schon lange auf den Beinen. Wieder hat er einen Palheiro in der Hand und spricht gerade mit den Ochsen. Portugiesisch ist es nicht, nach Deutsch hört es sich aber auch nicht an. „Hoit", murmelt Lídio jetzt, und der Ochse macht einen Schritt zur Seite. Das ist der Hunsrücker Dialekt, den auch Rejane spricht – so wie ihn die Einwanderer vor 180 Jahren mitgebracht haben. Wenn ich mich sehr anstrenge, kann ich manche Bedeutung erahnen. Mein Hochdeutsch dagegen versteht Lídio gar nicht.

Mühselig balanciere ich auf dem ruckelnden Ochsenkarren. Die Sonne steigt über das Tal und bescheint von Tau benetzte Wiesen, frisch gepflügte Äcker, rote Dachziegel und blühende Fliederbüsche. Die beiden Ochsen ziehen gemächlich und stetig den Pflug durch die schwere Erde, von Lídio mit leichter Hand gelenkt. Als die Sonne schon heiß auf unsere Köpfe brennt, drückt er mir das Geschirr in die Hand und setzt sich für einen Palheiro auf einen Feldstein. Ich stapfe im archaischen Rhythmus durch den Lehm, spüre die gewaltige Kraft der Tiere und merke gar nicht, wie ich immer mehr neben die Spur gerate. Bis Lídio die Ochsen mit einem kleinen Schnalzen wieder zurücklenkt. Von seinem Feldstein aus. Er bleibt auch sitzen, als kurz darauf die Kirchenglocke zum Mittag läutet. „Die läutet Sommerzeit", erklärt er. „Das ist nicht meine Zeit – nach der Sonne ist noch lange nicht Mittag."

Lídio lebt in einer Welt, in der im Dorfladen kaum Obst oder Gemüse liegt, der Reis dafür in Zwanzig-Kilo-Säcken verkauft wird. Weil einer, der alles selbst anbaut, nicht so oft einkaufen geht. Die Frauen backen ihr Brot selbst, fabrizieren Zitronenlimonade und Kekse, Nudeln und Wurst. Das alles auf so liebevolle Weise, als hätten sie jahrelanges Achtsamkeitstraining hinter sich. Ob es am Leben im Rhythmus der Natur liegt, an der Abgeschiedenheit, der Abwesenheit von TV und Internet bis vor wenigen Jahren? Ich besuche Orte mit Namen wie „Jammerthal", „Batatenthal" und „Padre Eterno". Futtere mich durch das koloniale Mittagessen im Restaurant Kieling, das mit einer reichhaltigen Suppe beginnt, mit Kartoffelsalat, hausgemachten Nudeln, Polenta, Pommes, Reis, Bohnen, Sauerkraut und Knödeln weitergeht, mit in Essig eingelegtem Gemüse, Schweinshaxen, Koteletts, Würsten, Zungengulasch und Käse. Zum Dessert stehen mehrere schwere Cremes zur Auswahl. Hier durfte immer schon jeder so viel essen, wie er nur schaffte, lange vor All-you-can-eat.

Natürlich ändert sich neuerdings vieles. Die jungen Leute arbeiten in einer der Schuhfabriken oder ziehen in die großen Städte – andere Alternativen zur Landwirtschaft gibt es nicht. Sie nutzen Internet und Facebook und wissen, was in der Welt los ist. Aber so richtig wohl fühlen sie sich da draußen nicht. Lídios Tochter Silvana sagt, sie gehe nie weg. Nicht einmal für eine große Liebe. Ihre Schwester hat ihren gut bezahlten Job in São Paulo aufgegeben und wohnt jetzt wieder daheim. Im Kinderzimmer bei ihren Eltern. Dabei hat Lídio seinen Töchtern vor Jahren schon ein eigenes Haus gebaut. Modern und zweckmäßig, leichter zu beheizen und zu putzen. Mit einem neuen Gasherd und Sofagarnitur statt alten Stühlen. Als es fertig war, schien es so fremd, dass keine der beiden Töchter einziehen wollte.

Auch ich fühle mich hier so wohl, dass ich ganz wehmütig werde, als ich am letzten Tag zu Fuß die Kiesstraße entlangwandere. Vorbei an sorgsam aufgestapeltem Kaminholz, an liebevoll vor die Häuser und sogar an den Ackerrand gepflanzten Rosen und Hortensien. Fast unwirklich schön ist die Landschaft mit den Platanen, Bananenstauden, Palmen und Pinien, durchzogen von mit blau blühenden Hortensienbüschen gesäumten Wegen. Frösche glucksen, Bienen summen, Bäche plätschern. Es riecht nach feuchter Erde und Rosenblüten. „Alles gut?", grüßen die Leute. In den drei Tagen ist mir niemand begegnet, der irgendwie versucht hat, etwas darzustellen. Niemand hat sich erst die Kleidung zurechtgezupft, die Haare gerichtet oder den Lippenstift nachgezogen, bevor er mit mir gesprochen hat. Stattdessen haben mir immer wieder schwer arbeitende Menschen mit Lächeln im Gesicht erklärt, wie glücklich sie sind.

Silvana schenkt mir zum Abschied zwei kleine Rosenpflänzchen aus ihrem Vorgarten. Ich packe sie sorgsam ein: Sie sollen mich zuhause auf der Insel an das Glück des einfachen Lebens erinnern.

November

WIEDER AUF DER INSEL ANGEKOMMEN, pflanze ich noch am selben Abend meine Rosenableger in den Vorgarten. Neben den schönen, zarten Pflänzchen fällt mir plötzlich auf, wie hässlich meine matschige Einfahrt aussieht. Am nächsten Morgen kaufe ich eine Schubkarre und ziehe mit Polho los zum Strand. Wir laden dort feinen weißen Muschelkies ein, den wir in meiner Zufahrt verteilen. Eine Fuhre, noch eine Fuhre, schließlich eine dritte. Zwischendurch springen wir ins Wasser, um uns zu erfrischen. Als wir mit der vierten Fuhre in unsere kleine Straße einbiegen, fängt uns Polhos Tante Lúcia vor ihrem Haus ab: „Kommt Mittag essen, es ist schon spät!“, ruft sie.

Ob das eine Wende in unserer Beziehung ist? Seit Monaten hat sie mir jeden Tag mehrmals Italo geschickt, um sich Zucker zu leihen oder Nudeln oder Reis oder Geld für Brot. Und heute lädt sie mich zum Essen ein! Wir setzen uns auf den kühlen Betonboden der unmöblierten Terrasse vor ihrem winzigen Haus. Lúcia reicht mir den einzigen Teller, Polho isst aus einer leeren Margarinedose, Italo von einem Plastikdeckel. Ich schäme mich ein wenig, dass ich sie bisher nur als Schnorrerin angesehen habe. Offensichtlich hat sie sich mit dem Essen besondere Mühe gegeben: Auf den Nudeln thront ein Klecks Tomatensauce, im Reis leuchten orangefarbene Karottenschnitze, und dazu gibt es für jeden auch noch ein Stückchen Huhn und einen Becher Instantfruchtsaft. Sicher extra für mich gekauft. Woher soll sie auch wissen, dass ich einen frischen Cashewsaft, den es umsonst gibt, noch lieber trinken würde?

Während Polho, Italo und ich unsere Teller leer essen, erzählt Lucia mir aus ihrem Leben. Wie sie in Recife im Slum als Wäscherin und Haushaltshilfe ganz gut über die Runden gekommen ist. Bis ihre Schwester Márcia an Krebs erkrankte. Eine reiche Verwandte aus São Paulo hat Márcia deswegen das Häuschen hier auf der Insel gebaut, wo das Klima angenehmer ist als in der Stadt. Lucia ist mit umgezogen, um ihre Schwester zu pflegen und auf das Ferienhaus der Verwandten auf der anderen Straßenseite aufzupassen. Das übrigens ungefähr fünfmal so groß ist wie Lucias Zwanzig-Quadratmeter-Haus. Ein halbes Jahr hat Lúcia ihre Schwester und sechs von deren sieben Kindern versorgt. Dann ist Márcia gestorben. Jetzt leben nur noch Polho und der kleine Italo auf der Insel. Die anderen, größeren Geschwister wohnen wieder im Slum, weil es dort mehr Hoffnung auf Jobs gibt.

Wie Lúcia ihre Minifamilie über Wasser hält, traue ich mich nicht zu fragen. Sie bekommt wohl Unterhalt von den Vätern der Jungs und Zuwendungen von Nachbarn und Familienmitgliedern. Meistens hat sie hohe Schulden im Kramladen von Joselito, und ich habe keine Ahnung, ob und wie sie die jemals abzahlen möchte. Wenn ich sie treffe, klagt sie zwar ständig über Geldnot – aber richtig besorgt habe ich sie trotzdem nie erlebt. Wie macht sie das nur? „Weißt du, letzte Woche war es wirklich eng", erzählt sie, „wir hatten nichts mehr zu essen, und die Jungs brauchen dringend neue Sandalen. Aber dann konnte ich den Kühlschrank verkaufen, das hat uns gerettet." Die Rettung hat sie am Wochenende mit einer kleinen Grillparty gefeiert. Gut, dass ihre reiche Tante aus São Paulo das nicht gesehen hat. Die hatte ihr den nagelneuen Kühlschrank erst kürzlich geschenkt. Vermutlich hat Lúcia nur einen Bruchteil des Werts dafür bekommen. Im Moment leben – Lúcia und viele hier praktizieren das perfekt. Ich muss mich daran immer noch gewöhnen.

Nach dem Essen liegen wir ein wenig im Schatten auf dem Rasen vor dem Haus, bis mich ein Klatschen vor meiner Terrasse aus dem Dösen aufschreckt. Es ist Patrícia, die mich verschönern will. Sie hat mir Cashewfrüchte mitgebracht, die zurzeit im Überfluss überall reifen. Bisher kannte ich nur Cashewnüsse, die auch in deutschen Supermärkten zu haben sind. Die Frucht dazu ist leuchtend gelb und schmeckt erfrischend süßsauer. Während Patrícia Wasser in eine Schüssel laufen lässt, um meine Füße einzuweichen, sagt sie: „Ich habe dir auch ein paar Zeitschriften mitgebracht, sonst bekommst du hier am Ende der Welt ja gar nichts mit." Ende der Welt? Ich finde, ich wohne schön ruhig und durchaus zentral. Für Patrícia, die nur drei Gehminuten vom lärmenden Dorfplatz und der Hauptstraße entfernt wohnt, sind die knapp zehn Minuten Weg offenbar schon weit. Neugierig gucke ich auf die kleinformatigen Zeitschriften, die sie mir in die Hand drückt. Anstatt um Politmagazine oder Frauenzeitschriften handelt es sich um Bestellkataloge! Darin gibt es exquisite Kosmetik und Wäsche, Haushaltswaren und sogar Kinderbücher. „Natura ist die beste Kosmetik, die du dir vorstellen kannst", schwärmt Patrícia, „und die gibt es nicht im Laden!" Sie erklärt mir, wie das Prinzip funktioniert: Alle paar Wochen kommen neue Kataloge heraus, in denen die Kundinnen sich Ware auswählen können. Die registrierten Verkäuferinnen bestellen im Paket, verteilen die Lippenstifte und BHs an die Kundinnen und sammeln das Geld ein. „Das ist sehr praktisch: Du bekommst alles ins Haus geliefert und musst meistens erst zehn oder fünfzehn Tage später zahlen", sagt Patrícia. Jetzt verstehe ich, warum ich so oft Frauen ihre Nasen in Zeitschriften stecken sehe, obwohl es auf der Insel keinen einzigen Zeitungskiosk gibt. Unter Patrícias Beratung suche ich mir ein Körperöl, zwei ziemlich gewagte BHs und einen Halter für Küchenrolle und Alupapier aus.

Nur zu einem Lippenstift lasse ich mich nicht überreden – bei den täglich steigenden Temperaturen kann ich mir einfach nicht vorstellen, mich zu schminken.

„Tudo bem“, fragt es an meinem Gartenzaun, und zum ersten Mal bemerke ich, dass das übersetzt „alles gut“ heißt – die Hunsrücker in der Walachei also womöglich ihren charmanten Gruß einfach wörtlich aus dem Brasilianischen übertragen haben. Der Besucher ist Polhos Cousin Edson, den ich seit unserem Candomblé-Ausflug nicht mehr gesehen hatte. Ich erkenne ihn erst gar nicht, denn er hat seine Rastazöpfchen bis auf Stoppeln abrasiert. Edson setzt sich zu uns auf die Terrasse, schaut Patrícia beim Lackieren meiner Nägel zu, plaudert übers Wetter und rückt erst nach einer Weile damit heraus, dass er die letzten Wochen beim Candomblé verbracht hat. Ich kann förmlich spüren, wie Patrícia sich innerlich versteift, als er sich über den kahlen Kopf streicht und erklärt, er habe eine Art Weihe abgelegt.

Vorsichtshalber warte ich ab, bis sie in die Küche geht, um das Wasser auszugießen, bevor ich ihn frage, ob er mich noch einmal mitnehmen kann. Ich würde gerne das Reinigungsbad nehmen, von dem der Priester gesprochen hat, und herausfinden, ob wirklich die Gottheit für mich zuständig ist, die letztens mit Edson kommuniziert hatte. „Ja, klar“, sagt er, „am Samstag gehe ich wieder hin, ich kann dich nach dem Essen abholen!“ Dann kommt Patrícia aus der Küche wieder, und Edson verabschiedet sich.

Am Samstagvormittag, als ich gerade im Garten das Unkraut von der Petersilie trenne, ruft er mich plötzlich von der Straße. Wir waren doch erst nach dem Essen verabredet, will er etwa absagen? Nein, nein. Er druckst verlegen herum. „Nun ja, also so ein Bad darf man nur nehmen, wenn man auch rein ist ...“, Edson verstummt wieder und schaut mich halb verlegen, halb hoffnungsvoll an, als ob ich erraten soll, was er meint. Natürlich dusche ich extra, habe ich doch beim letzten Mal auch gemacht. Dann verstehe ich endlich. Er will wissen, ob ich meine Tage habe! Ich muss lachen. „Alles klar, alles rein“, sage ich und staune mal wieder, wie verschämt solche körperlichen Dinge in einem international als freizügig bekannten Land behandelt werden.

Nach dem Mittagessen ziehe ich meine neuen weißen Jeans an und lege mich in die Hängematte. Kleidung zum Wechseln habe ich auch eingepackt. Ich stelle mich auf eine längere Wartezeit ein, aber dieses Mal kann ich nicht lange schaukeln, Edson kommt pünktlich. Wir fahren weiter als beim letzten Mal, denn das Ritual wird Priester Papai in seinem Haustempel abhalten. Der mächtige Mann lebt sehr bescheiden in einem engen Haus am Ende einer Straße aus löchrigem Asphalt. Auf der winzigen vergitterten Terrasse warten drei schwarze Frauen, als wir ankommen. In einem Korb stehen Frauenzeitschriften und Rätselmagazine bereit wie im Wartezimmer beim Arzt. Neugierig gucke ich durch die angelehnte Tür ins Wohnzimmer. Dort läuft ein riesiger Fernseher ohne Ton, auf dem Sofa davor liegt ein Junge und schläft im Windhauch eines Ventilators. Ein Vorhang schützt den hinteren Bereich des Hauses vor Blicken. Ich bin ein bisschen enttäuscht: Anders sieht es bei Patrícia auch nicht aus.

Dann teilt sich der Vorhang, und Papai winkt mich herein. Er drückt mir die Hand und sagt mit seinem üblichen verschmitzten Lächeln: „So, die Deutsche ist also gekommen. Mal sehen, was die afrikanischen Götter mit ihr vorhaben.“ Er geht an einem großen leeren Tisch vorbei durch eine schmale Küche bis zu einer Holztür. Dort bedeutet er mir, die Schuhe auszuziehen, und wir betreten den Tempel. Auf einer Art Sims stehen Porzellanstatuen wie in dem Terreiro, in dem das Fest gefeiert wurde. Davor brennende Kerzen, Parfümflaschen, Blumen und unbekannte Gerichte als Opfergaben. Keine toten

Tiere diesmal. „Hast du Kerzen mitgebracht?", fragt mich Papai, und ich verneine. Daran habe ich nicht gedacht. „Wenn du herkommst, solltest du immer vier Stück mitbringen", sagt er streng und zündet eine Kerze vor einer Statue in Weiß an. Dann zerreibt er stark duftende Kräuter in eine Emailleschüssel und trägt sie in ein winziges ungefliestes Badezimmer, das von einem Nebenraum abgeht. „Hier bleiben die Söhne und Töchter des Terreiros bei Ritualen oft tagelang", erklärt er. „Wenn du herausfinden willst, wer deine Gottheit ist, wirst du auch hier bleiben." Er drückt mir ein kleines Stück einer weichen dunkelbraunen Seife in die Hand und sagt: „Die Kleidung, die du ausziehst, darfst du erst wieder berühren, wenn sie gewaschen ist! Dusche dich ab und seife dich von oben bis unten mit dieser Seife ein. Auch die Haare. Danach alles mit Wasser abwaschen. Und ganz zum Schluss gießt du dir dieses Bad über den Kopf." Die Tür schließt sich leise hinter ihm, und ich bleibe mit den Göttern allein. Bilde ich mir das nur ein, oder bin ich wirklich unbeschwerter, nachdem ich die etwas streng riechende Seife abgewaschen habe? Ich gieße mir das duftende Kräuterbad über den Kopf, und es ist, als spüle es eine weitere Last von meinen Schultern, von deren Existenz ich vorher nichts geahnt hatte.

Patrícia glaubt, dass die Priester der afro-brasilianischen Religion ihre Kunden abhängig machen und dann finanziell ausnehmen. Wird Papai mir nachher eine saftige Rechnung präsentieren? Sorgfältig knote ich die alte Kleidung in eine Plastiktüte ein und ziehe mir ein luftiges, helles Kleid über. Neugierig sehe ich mir im Tempel die mit Spitzenstoffen geschmückten Statuen an. Es riecht nach Kräutern und Rauch, und ich kann mich nur schwer losreißen, als ich Papai von draußen rufen höre.

Der Priester sitzt an dem langen Tisch, vor sich wieder das kleine Körbchen mit dem Muschelorakel. Meinen Nachnamen kann er einfach nicht aussprechen, er klingt bei ihm wieder wie „Wowoki“. Das afrikanische Gebet, das er betet, könnte ich vermutlich ebenso wenig aussprechen. Dann wirft er die Muscheln. „Die Götter sind einverstanden, etwas über dich zu erzählen“, erklärt er mir. Was in den nächsten Minuten folgt, würde ich nicht glauben, wenn ich es nicht selbst erlebt hätte. Die Muscheln zeigen dem mir fremden Mann offenbar ein genaues Bild aller meiner gefühlsmäßigen und familiären Verstrickungen – die ich hier in Brasilien weit entfernt geglaubt hatte. „Es gibt zwei Gottheiten, die sich anbieten, dir zu helfen“, höre ich, „aber um herauszufinden, welche davon wirklich deine Santa de Cabeça ist, musst du ein Bori machen, ein dreitägiges Ritual hier in der Kammer.“

Ein bisschen unheimlich ist es mir schon, wie die afrikanischen Götter so nach mir greifen. Andererseits fühle ich mich nach dem Bad ausgesprochen erleichtert. Muss ich sofort entscheiden? „Nein“, sagt Papai, „du kannst dir das in Ruhe überlegen. Wenn du es machen willst, rufst du mich an. Dazu musst nur darauf achten, dass du rein bist: Drei Tage vorher keinen Alkohol und keinen Sex, und du darfst deine Tage nicht haben.“ Und was schulde ich ihm für die Behandlung heute? „Nichts“, sagt Papai und setzt lachend hinzu: „Vergiss nur nicht, beim nächsten Mal die Kerzen mitzubringen!“ Während er mit Edson hinter der Holztür verschwindet, warte ich auf der Terrasse und grübele. Wie weit will ich mich in diese fremde Welt vorwagen? Kann mir dabei etwas passieren? Was wird das Ritual kosten? Aus meinen wirren Gedanken entwickelt sich allmählich eine Entscheidung, die mich selbst überrascht: Ich will mir einen lang gehegten Traum erfüllen und in die wüstenartige Dünenlandschaft der Lençóis Maranhenses im Norden Brasiliens reisen. Die wollte ich schon lange gerne zu Fuß durchqueren, und ob ich das Bori mache oder nicht, entscheide ich danach.

Die Götter heißen meine Entscheidung anscheinend gut: Gleich am nächsten Tag entdecke ich im Internet eine Reiseagentur, die auf Durchquerungen der Lençóis spezialisiert ist – und die sehr sympathische Agenturchefin bietet an, eine Tour nur für mich zu organisieren, wenn ich im Gegenzug darüber einen Artikel schreibe. Die erste Zeitung, der ich das Thema anbiete, ist interessiert, und den Flug nach São Luís buche ich zu einem günstigen Spezialtarif. Vor der Abreise ist noch genügend Zeit, um mit Polho eine Pergola für den Weinstock zu bauen, den Garten umzugraben und Radieschen, Kopfsalat und Auberginen zu pflanzen. Sieht fast schon so ordentlich aus wie in der Walachai, nur zur Selbstversorgung reicht es noch nicht ganz.

Polho bringt mich wie üblich zur Bushaltestelle. Heute könnte er sogar meine Tasche tragen: Ich bin mit so wenig Gepäck unterwegs wie noch nie. Sandra von der Agentur hatte mir klare Anweisungen gegeben: „Auf die Wanderung solltest du nur zwei Wäschegarnituren mitnehmen, eine für tagsüber, eine für die Nacht. Zum Laufen sind Flipflops am besten. Außerdem brauchst du einen Hut, eine Wasserflasche, reichlich Sonnenschutz und vielleicht eine Taschenlampe." Sie holt mich persönlich vom Flughafen in São Luís ab und bringt mich zu meiner Unterkunft mitten in der Altstadt. Der Italiener Alessandro hat hier gleich zwei der vermodernden Altbauten gekauft und sie zu einem exquisiten Hotel mit wunderschönem Innenhof umgebaut. Auf jahrhundertealtem Pflaster sitzen wir dort im Schatten und essen italienische Pizza. Alessandro erzählt, wie er sich vor fünf Jahren so rettungslos in die Altstadt verliebt hatte, dass er großzügig übersehen hatte, wie heruntergekommen sie eigentlich war. Da seine Pizzeria vor allem ausländische Touristen besuchten, versuchten die Mädchen vom Bordell gegenüber ziemlich hartnäckig, bei den männlichen Gästen anzudocken –

bis Alessandro ein Machtwort mit der Puffmutter Faustina sprach. Inzwischen ist die Altstadt restauriert, und sogar die bessere Gesellschaft von São Luís stöckelt übers Kopfsteinpflaster zu Alessandro zum Essen. „Das Bordell gibt es immer noch", sagt er, „aber die Mädchen stehen nicht mehr ganz so offenherzig gekleidet am Fenster."

Abends beleben sich die von gusseisernen Straßenlaternen beleuchteten Gassen. Auf dem kleinen Platz vor Faustinas Eckhaus sitzen Touristen an Plastiktischen und beobachten, wie drei hagere Männer ihre großen, schlanken Trommeln stimmen, indem sie das Leder an einem Feuer erhitzen und dadurch spannen. Als sie fertig sind, setzen sie sich halb auf die Instrumente und stimmen einen mitreißenden Rhythmus an, der mich an mein Johannisfest auf der Insel erinnert. „Ja, das ist Samba", bestätigt Sandra, „die ursprüngliche Form heißt hier Tambor de Crioula und kommt aus dem Kongo." Drei stolz wirkende Frauen in weiten Röcken mit Volants stehen unauffällig in der Ecke. Jetzt löst sich eine aus dem Grüppchen und betritt den Platz vor den Trommlern. Sie beginnt leise, im Rhythmus mit den Füßen zu stampfen und sich in den Hüften zu wiegen. Daraus entwickelt sich eine Zwiesprache – Trommler und Tänzerin sind wie untrennbar durch den Rhythmus verbunden: Immer wilder wirbelt die Frau ihren Rock, immer schneller schüttelt sie ihre Haare aus dem Gesicht, wirft dem einen oder anderen Mann provozierende Blicke zu. Der jeweils angesprochene feuert sie mit intensiverem Trommelschlag und auffordernden Blicken weiter an. Bis plötzlich eine weitere Frau aus dem Schatten tritt, die erste verdrängt und nun ihrerseits tanzt, als gelte es, ein Versprechen einzulösen. Das uralte Ritual folgt seinem eigenen Gesetz, niemand scheint zu bemerken, dass da Zuschauer sitzen, die fotografieren, filmen, klatschen.

Bedauernd folge ich Sandras Aufforderung zum Gehen.

Morgen geht es früh los. Im klimatisierten Reisebus verlasse ich die Hauptstadt eines der ärmsten Bundesstaaten Brasiliens und durchquere eine Landschaft voller Palmen: fächerartige Burití, schlanke Acaí und Jussara und viele weitere Sorten, deren Namen ich nicht kenne. Mehr als 300 Kilometer geht es auf der holperigen Straße Richtung Osten. In Barreirinhas holt mich eine sehr umfangreiche fröhliche Frau ab, die sich als Regina und Partnerin von Sandra vorstellt. Beruhigend, dass Regina nicht gerade wie eine Marathonläuferin wirkt – wenn sie mich auf der Wanderung begleitet, kann die so schwer nicht sein.

Regina stammt aus dem kleinen Barreirinhas und hat bis vor wenigen Monaten in der Megametropole São Paulo gelebt. „Ich bin dort nach dem Studium hängen geblieben, habe gut verdient, hatte einen Freundeskreis, eine schöne Wohnung. Dann ist meine Mutter gestorben und ich musste mich hier um die Beerdigung kümmern." Regina macht eine Pause. „Und dabei habe ich gemerkt, dass ich hierher gehöre. Was nutzt mir der gute Verdienst in São Paulo, wenn davon gar nichts übrig bleibt, weil Miete, Lebensmittel und alles andere so teuer ist?" Jetzt will Regina in Barreirinhas bleiben und mit Sandra die Zweigstelle der Agentur aufbauen. Ihr Elternhaus ist groß, luftig und leer. In jedem Raum hängt eine Hängematte, ansonsten stehen nur wenige Massivholzmöbel darin. „Meine Sachen sind noch in São Paulo – ich habe es bisher nicht geschafft, zurückzufahren, um die Wohnung aufzulösen", erklärt Regina. „Momentan fühle ich mich ohne Habe wie befreit." Auch ich fühle mich wunderbar leicht, als ich meinen kleinen Rucksack für die einwöchige Wanderung packe. Eine Bermudas und eine helle Bluse für tagsüber, eine Leggins und ein T-Shirt für die Nächte. Bikini, Unterwäsche, eine Kernseife für Wäsche, Haare und Körper, eine Sonnencreme, eine Körpercreme, ein Fotoapparat, das ist alles. In der

Hängematte auf Reginas Veranda schlafe ich selig wie ein Baby.

Die Sonne strahlt noch schüchtern, als wir am nächsten Morgen in ein Motorboot mit Sonnenschutz steigen, das um die zwanzig Passagiere fasst. Es soll uns auf dem Preguiça-Fluss bis nach Atins bringen, das letzte Dorf am Rand der Dünen. Am Flussufer ragen Baumriesen in den Himmel, und zwischen wuchernden Bananenstauden blühen Strelitzien. Hinter der üppigen Vegetation sind gelegentlich Häuser aus Holz zu erkennen. Je höher die Sonne am Himmel steigt, desto trockener wird die Landschaft, bis nur noch ein schmaler Grünstreifen das Wasser von den goldgelben Dünen trennt. Am späten Vormittag legt das Boot an einem Ort an, der aussieht wie eine winzige Oase. Eine Handvoll Kokospalmen und Obstbäume spenden zwei Unterständen aus Buriti-Palmen spärlichen Schatten. Unter einem davon ist das Restaurant von Dona Graça. Die Tischbeine, Bänke und die Theke sind fest im Sand verankert. An den luftigen Wänden aus Palmwedeln hängen aus den Fasern der Palme geflochtene Taschen und Geldbeutel. Wer die wohl geflochten hat? „Dona Graça", sagt Regina, „sie lebt hier mit ihrer Tochter und macht vom Seil bis zur Hängematte alles nur Denkbare aus den Buriti-Fasern." Wir gehen weiter bis zum zweiten Unterstand. Hier wohnen die beiden Frauen direkt auf dem Sand in einem fünfzehn Quadratmeter großen, zum Fluss geöffneten Raum. Kleidung, Haushaltsgeräte und alle anderen Habseligkeiten sind in selbstgeflochtenen Körben und Taschen verpackt und mit Schnüren am Dach und an den Wänden befestigt. Auf einem großen Tisch zerteilt die vielleicht vierzigjährige Graça gerade einen riesigen Fisch. „Willkommen in meiner Hütte!" Sie strahlt uns einladend an, zeigt auf den Fisch und fragt: „Wollt ihr mitessen? Mittags kommt ein Ausflugsboot mit Gästen, aber der Kerl hier reicht locker für alle!"

Wir nehmen die Einladung freudig an; ich möchte gern mehr von Graça erfahren. Sie schafft es, tausend Dinge gleichzeitig zu tun und trotzdem eine friedvolle Atmosphäre zu verbreiten. Innerhalb von wenigen Minuten wendet sie den Fisch mehrmals auf dem Holzfeuer in der Sonne, richtet in einer großen Holzschüssel einen Salat an und zeigt uns in einer Ecke des Raums die Anfänge einer Hängematte, die jemand bei ihr in Auftrag gegeben hat. „Ich brauche einen Monat für eine Hängematte", erklärt sie. Erst müssen die Fasern gesammelt werden, dann zu einem Faden versponnen, gefärbt und aufgewickelt. Dann erst beginnt das Knüpfen. Geschmeidig und luftig sind die fertigen Werke, selbst gefärbt in sanften Naturtönen riechen sie noch nach den Palmfasern. „Für meine Tochter habe ich eine gemacht, als sie fünf geworden ist, die sieht heute noch wie neu aus – und jetzt ist sie achtzehn", sagt Graça. So eine Hängematte möchte ich auch haben! Als ich frage, ob ich mich für die nächste vormerken lassen kann, lehnt Graça ab: „Aber deine Freundin kann ja in drei Wochen mal vorbei kommen, dann bin ich mit dieser fertig und kann den nächsten Auftrag annehmen!"

In die Zukunft zu planen hat sich Graça abgewöhnt. „Was soll ich planen, wenn doch der Sand alles bestimmt!" Erst als sie darauf zeigt, erkenne ich, dass die Bäume rund um ihr Haus schon ziemlich tief im Sand stehen. Der Wind bläst hier mit bis zu 55 Stundenkilometern Geschwindigkeit die winzigen Körnchen durch die Landschaft, bis sie ein Strauch, ein Baum oder sonst ein Hindernis aufhält. Da türmen sie sich dann zu meterhohen Dünen auf, die mit der fortwährenden Windkraft vorwärts wandern. „Dieses Haus habe ich vor zwei Monaten gebaut", sagt Graça, „in spätestens einem halben Jahr werde ich es umsetzen müssen – wenn dann überhaupt noch Platz hier ist." Das klingt bei ihr nicht wie eine Klage, sondern einfach wie eine Feststellung.

Während ich mit Dona Graça geredet habe, hat Regina mit deren Tochter im Restaurant die Ausflügler empfangen, die mit Eis gekühlten Bierdosen in der Hand vom Boot gestiegen sind. Sie wirken mit ihren bunten Badehosen, den großen Sonnenbrillen und Hüten wie Außerirdische in dieser Welt aus Wind, Sand und Wasser. Der Fisch duftet schon vom Feuer, es ist gerade noch Zeit, vor dem Essen zur Erfrischung in den Fluss zu springen. Danach ziehe ich mich im WC-Häuschen um und sehe durch das zerzauste Dach in den strahlend blauen Himmel. So nah an der Natur werde ich die ganze nächste Woche verbringen. Ein tiefes Glücksgefühl breitet sich in mir aus.

Nach dem Essen schippern wir bis zur Flussmündung und an der Küste entlang nach Atins. Das Dorf ist in den Sand gebaut, liegt aber windgeschützt in einer Mulde, deswegen scheinen die Dünen hier die paar Dutzend weiß getünchten Häuser nicht zu verschlingen. Von der Sonne gedörrte Hölzer stecken als Zaun direkt im Sand, anspruchslose Büsche und sogar ein paar weiße und zartrosafarbene Blümchen krallen sich darin fest. Leider ist keine Zeit, den Ort kennenzulernen. Wir wollen heute noch los, und es wird bald dämmern. Das erklärt uns César, der uns in den nächsten Tagen den Weg durchs Nichts zeigen soll. Im Gegensatz zu uns hat der muskulöse Mann einen schweren Rucksack geschultert. Darin trägt er Lebensmittel für uns drei, denn die Menschen, bei denen wir unterwegs übernachten werden, leben nicht gerade im Überfluss. Damit wir unsere heutige Etappe schaffen, besorgt er uns bei einem Bekannten drei Pferde.

Im Abendrot tragen uns die Tiere über eine weite Sandebene, die nur von Gräsern und vereinzelten Büschen bewachsen ist. In der Ferne schimmert das Meer, und jeder reitet für sich, seinen Gedanken nachhängend. Es ist schon dunkel, als wir einen weitläufigen Holzbau erreichen, der sich wie eine

Festung gegen den Sand zu stemmen scheint. Nachdem wir abgestiegen sind, lassen wir die Pferde einfach frei: Sie laufen von allein zurück, dorthin, wo sie auf Futter und Wasser hoffen können. Der Abendwind ist kühl, und ich bin froh, dass wir im Schutz des Hauses lagern. Die Zimmer der Herberge sind einfache Bretterverschläge: Die meisten Besucher kommen nur zum Mittagessen und verabschieden sich nach einem kleinen Spaziergang im Sonnenuntergang. Wer über Nacht bleibt, hat wie wir die „Travessia" vor sich, bei der kein Komfort vorgesehen ist. Ich genieße jeden Bissen meiner Mango. Wer weiß, wie viele Früchte es unterwegs geben wird.

Um halb fünf klopft César leise an meine Zimmertür. Zeit zum Aufbruch. Wir wollen in den kühlen Morgenstunden wandern, mittags die größte Hitze in einem Schattenplätzchen lagernd verstreichen lassen und dann spätnachmittags wieder laufen bis zur Dämmerung. Nach einem schnellen Imbiss aus Kaffee, Keksen und Banane binde ich mir ein Tuch um den Kopf, ziehe die Sonnenbrille auf und schultere mein Gepäck. Los geht's. Noch ist es eher frisch und das Meer wie ein kühles Versprechen in Sichtweite. Aber schnell wird es heißer, und bald biegen wir ab auf einen Weg ins Landesinnere, den übrigens nur César erkennt. Für mich sieht der Sand überall gleich aus. 155 000 Hektar groß ist das Naturschutzgebiet der Lençóis Maranhenses. Im Norden reicht es bis an den Atlantik, im Süden und Osten an eine Steppenlandschaft, und im Westen bis an Mangrovenwälder.

Bei jedem Schritt versinken die Füße im tiefen Sand. Wie schafft es César nur, so leichtfüßig darüber hinwegzugleiten? Beim genaueren Hinsehen merke ich: Er hebt die Füße nicht richtig, sondern schlurft über den Boden. Von diesem Moment an konzentriere ich mich darauf, meine nackten Fußsohlen lässig über den Sand zu schleifen. Die Flipflops habe ich ausgezogen, der Boden ist längst nicht so heiß, wie ich erwartet hatte.

Dabei brennt die Sonne jetzt mit voller Kraft, und die weiße Welt reflektiert jeden Strahl unerbittlich. Kein Schatten, nirgends. Auch der Wind, der das Ganze hier geschaffen hat, macht gerade Pause. Nach drei oder vier Stunden könnte ich prima ein bisschen ausruhen, und auch Regina schwitzt und ist ins Schnaufen geraten. „Tja", sagt César, „ich kann euch nichts anderes anbieten, als eine Rast in der Sonne." Vorsichtig tröpfele ich mir Wasser auf mein Kopftuch, damit mein Gehirn nicht schmilzt. Dann setzen wir uns einfach hin, essen ein paar zu trockene Kekse und die letzten Bananen und gucken in die Leere. Regina sieht jetzt sehr erschöpft aus und legt sich hin. Wenn ich ehrlich bin, würde auch ich mich am liebsten nach hinten fallen lassen und eine Runde schlafen. Egal, wie heiß es ist. Es soll Menschen geben, die sich ohne Führer hier reinwagen. Ich bin froh, dass César bei uns ist. „Ihr könnt euch gar nicht vorstellen, was mir blüht, wenn ich euch hier sitzen lasse, Sandra lässt mich vierteilen!", witzelt er, zieht uns resolut wieder in die Senkrechte und schwebt trotz seiner schweren Last leichtfüßig voran. Deutlich weniger elegant schlurfen wir hinterher.

Die gleichförmige Bewegung und die weite Landschaft ohne Hindernisse fürs Auge versetzen mich in eine Art Meditationszustand, in dem mir allmählich das Zeitgefühl verloren geht. Dann tauchen plötzlich in der Leere Farben auf. Das blendende Weiß wird zu Schmuddelbeige, mit Flecken von Staubgrau und Blassgrün. Und formt sich zu grünen Cashewbäumen mit staubigen Blättern, davor silbergrau verwitterte Holzknorren, zu einem hüfthohen Zaun verflochten, dahinter Kühe, die nicht einmal mager aussehen. Im Schatten eines weiteren Cashewbaums steht ein niedriges, weiß gekalktes Haus mit einem Dach aus Palmwedeln. „Angekommen", sagt César und lacht erleichtert. „Hier wohnen Dona Dete und Seu Moacir." Regina und ich lassen uns erschöpft auf einem halben Baumstamm nieder, der als Gartenbank dient, während Dete und ihr Mann uns strahlend begrüßen. Dete pumpt mir aus dem Brunnen einen Eimer Wasser hoch und trägt ihn hinter einen Sichtschutz aus Palmwedeln. In diesem Freiluftbadezimmer gieße ich mir mit einer Kalebasse das frische Wasser über den Kopf, wasche mit einem weiteren Eimer meine Kleidung und hänge sie über den Zaun. Danach schaukele ich überaus zufrieden in einer Burití-Hängematte und rieche den Duft des Bohneneintopfs, den Dete gerade auf dem Feuer kocht. Der Wind raschelt leise in den Blättern, ein Huhn gackert hinter dem Haus, sonst ist es still. Zum Nachtisch rösten wir uns ein paar Cashewnüsse in einem kleinen Lagerfeuer. Wenig später legen wir uns in Detes und Moacirs Wohnzimmer in unsere Hängematten und schlafen fast sofort ein. Mitten in der Nacht werde ich wach, weil meine Blase voll ist. Ich schleiche mich aus dem Haus, um niemanden zu wecken. Gehe ein paar Schritte in Richtung Toilettensichtschutz, und hocke mich dann einfach so auf den Sand: Hier ist ja kilometerweit niemand, der mich sehen könnte.

Es beginnt gerade zu dämmern, als ich unsere Gastgeber leise reden höre. Da ich mich ausgeschlafen fühle, stehe ich auch auf. Im Hellen bemerke ich, wie sie in ihrem Heim alles verbaut haben, was sie in der Oase finden konnten. Verwittertes Holz hält die Lehmwände zusammen, das Dach ist mit Palmwedeln gedeckt, die Zäune sind aus Holz geflochten und dicke Äste mit Lianen zur Tischplatte verzurrt. Vom nächsten Nachbarn trennt die Bewohner ein ganzer Tag Fußmarsch. Heute wollen sie nach Atins und brechen deshalb ebenso früh auf wie wir. Schließen die Haustür und schieben von außen einen Riegel vor: Damit weder Hühner noch Schweine drinnen die Vorräte plündern können. Andere Diebe habe sie hier nicht zu fürchten.

Wir gehen – heute schon geübt schlurfend – in die entgegengesetzte Richtung. Die Begegnung mit den Oasenbewohnern wirkt an den nächsten Wandertagen in mir nach. Wie viel Habe braucht der Mensch? Im Palmwedelbad standen auf einem schmalen Brettchen ihre gesamten Kosmetikartikel, getrunken haben wir alle aus demselben Zinnbecher, gegessen von einfachen Glastellern. Knoblauch zieht Dete frisch aus dem Boden, Tomaten und Kräuter baut sie in Hochbeeten an, damit die Hühner sie nicht verscharren, Reis und Maniokmehl lagert sie in Tonkrügen. Und was sonst noch an persönlichen Dingen da sein mag, ist in aus Palmstroh geflochtenen Taschen verborgen, die unter dem Dach hängen. Alles in allem gewiss nicht mehr als zwei Koffer voll. Was habe ich nicht alles in meiner Wohnung in München angehäuft! Wenn ich jetzt daran denke, kann ich mich schon nicht mehr erinnern, was ich damals am liebsten noch alles in meine Taschen gestopft hätte. Gefehlt hat mir bis jetzt nichts. Aber ob ich so leben könnte, wie die Menschen hier?

Einen der nächsten Abende verbringen wir bei Raimundo Brito und seiner Familie in der Oase Queimada dos Britos, die mit ihren vier Häusern schon fast eine kleine Siedlung ist. Die Hausherrin schlachtet extra für uns ein Huhn – und berechnet dafür einen saftigen Preis. Für die Übernachtung bezahlen wir eine bescheidene Summe, Palmfruchtsaft und Salat, die kleinen Fische und Kokoswasser hingegen sind gratis. Weil sie diese Dinge von der Natur geschenkt bekommt, während sie das Huhn füttern und aufziehen muss? César packt unsere mitgebrachten trockenen Bohnen, Reis und Kaffee aus und verschwindet in der Küche zum Plaudern. Beim Wandern sind wir meistens alle ziemlich schweigsam – vielleicht, damit die große Leere umso besser auf uns wirken kann. Das scheint uns gut zu tun. Mein eigenes Gesicht habe ich seit Tagen nicht im Spiegel gesehen, aber meine Mitwanderer sehen mit jedem weiteren Tag ein bisschen zufriedener, klarer und friedvoller aus.

Der Wind hat feine Rippenmuster in den Sand gemalt, ihn zu Wellen geformt, zu Hügeln und Tälern, in denen in der Regenzeit Seen entstehen. Jetzt ist alles trocken, bis zum Horizont kein Grashalm zu sehen. An unserem vorletzten Tag in der Wüste steigt schon früh der Mond voll und hell am Himmel auf. In seinem silbernen Licht wirkt die Landschaft noch unwirklicher und weiter. Beschwingt schleifen wir hinter César her und merken kaum, wie der Tag vergeht. Es wird auch nicht richtig dunkel an diesem Abend, aber irgendwann scheint es doch schon reichlich spät. „Ist es noch weit?", fragen wir. „Nein, nein, nur noch so eine bis zwei Stunden", sagt er. Seltsam. Sonst hat unser Führer immer exakte Angaben gemacht, wieso wird er jetzt so schwammig? Regina und ich wechseln einen Blick, dem ich entnehme: Auch sie hat den Verdacht, dass wir uns verirrt haben. Zwei Stunden später schlägt César vor, wir könnten doch einfach am Fuß einer Düne übernachten. Weil die Nacht so schön romantisch sei. Hat er vergessen, dass wir nur ein dünnes Laken für jeden von uns dabei haben? Und dass unser Trinkwasser fast zu Ende ist? Er wischt die Einwände beiseite: Der Sand sei ja weich, und nach Wasser würde er für uns graben. Es muss für einen Macho ganz schön schwer sein, zuzugeben, dass er etwas falsch gemacht hat.

Während ich noch versuche, mich mit dem Gedanken anzufreunden, eine schlaflose Nacht zu verbringen, horche ich plötzlich hoffnungsvoll auf: Das ist doch Hundegebell! Und wo Hunde bellen, da leben Menschen! César, ganz Kavalier, springt sofort auf und geht los, um Wasser zu besorgen. Derweil machen Regina und ich ein paar Fotos von uns, auf denen wir trotz der misslichen Lage unverschämt glücklich aussehen. Gefühlte Stunden später kommt César zurück.

Triumphierend schwenkt er zwei mit einer gelblichen Flüssigkeit gefüllte Wasserflaschen. „Die Meute Hunde hat mich beinahe zerfleischt!“, behauptet er. „Da lebt ein Mann mit einer Menge Kinder ganz allein, er hätte uns sogar eingeladen, dort zu übernachten …“ Was? Hat César die Einladung etwa ausgeschlagen? „Wo wir es doch hier so romantisch haben“, sagt er, aber wir unterbrechen ihn im Chor: „Keine Frage, wir gehen sofort dahin!“

Mir kommt das Heim von Bráulio wie das Paradies vor in dieser Nacht: Ein liebevoll geflochtener Zaun umschließt ein sanft gewelltes Areal mit Palmen, Gemüsebeeten und Grasflächen. Mitten darin steht ein großes Haus aus Buriti-Palmwedeln. Sogar die Türen und Fenster sind aus zusammengebundenen Palmästen gemacht, dadurch wirkt alles unglaublich leicht und luftig. Bráulio reicht mir gerade bis zur Schulter und ist fast so fragil wie sein Haus. Sein herzliches Lächeln gibt den Blick auf viele Lücken und reichlich ramponierte Restzähne frei, seine Augen leuchten vor Freude über den nächtlichen Besuch. Als Regina ein Feuer auf dem Holzherd anfacht und anfängt, Maniokfladen zu backen, kommen drei kleine Kinder aus einem Nebenraum hervorgekrabbelt und sehen uns so scheu an, als hätten sie noch nie Fremde gesehen.

Bráulio erzählt uns, seine Frau sei in die Stadt gelaufen, weil sie zum Arzt wollte. Das sei aber schon zwei Wochen her. Er druckst ein bisschen herum, schließlich fragt er uns: „Glaubt ihr, sie kommt noch mal wieder?“ Er selbst hat offenbar starke Zweifel. César verzieht sich mit ihm in das Innere des Hauses zu einem Gespräch unter Männern, während wir die Kinder mit Maniokfladen füttern. Später bittet Regina die Männer, nicht in unsere Richtung zu schauen, und wir duschen auf der Lichtung im Mondschein mit dem gelblichen Brunnenwasser. Bráulio besitzt fast nichts, aber irgendwo gräbt er drei wunderschöne Buritî-Hängematten zum Schlafen für uns aus. Er entschuldigt sich dafür, dass der Zementfußboden in seinem Wohnzimmer ein wenig gerissen ist, und wünscht uns eine gute Nachtruhe. Dann stellt er sein Transistorradio an, das er mit einer Autobatterie betreibt. Das verbindet ihn jeden Abend für eine Stunde mit der Welt da draußen.

Morgens kratzt er aus einer angerosteten Büchse einen letzten Rest Kaffee zusammen, dazu gibt es wieder unsere Maniokfladen und mitgebrachte Margarine. Regina und ich beschließen, Bráulio unseren Rest Kekse und Zucker und eine Dose Tomatenmark zu vermachen. Wir haben ja nur noch einen Tag vor uns. Weil ich den Ort so schön finde, lasse ich mir noch die Beete und Pflanzungen zeigen, bevor wir weiterziehen. Dabei erzählt mir unser Gastgeber angeregt allerlei Geschichten – mit so starkem Dialekt, dass ich kaum etwas verstehe. Doch er lächelt mir nur zu und bedeutet mir abzuwarten. Zurück am Haus lauscht Regina seinen Worten und übersetzt mir: Es sei ja ein ziemlich einsames, aber doch sehr schönes Leben hier. Und wenn einem Mann auch gelegentlich eine Frau davonlaufe, so dürfe er nie verzagen. Denn, wer weiß, plötzlich könne ja unerwartet eine andere auftauchen, so eine große Blonde. ...

Ich traue meinen Ohren nicht. Regina grinst unverhohlen. Ich weiß nicht, was ich sagen soll. Druckse jetzt selbst herum. Dass ich mich für die Gastfreundschaft bedanke, diesen Ort ganz wunderschön finde und jetzt meine Arbeit rufe. Dann gehen wir. Jedes Mal, wenn wir uns zum Winken umdrehen, zeigt mir das Leuchten in den Augen des zahnlosen kleinen Mannes, dass er die Hoffnung noch nicht aufgegeben hat. „Na, ziehst du jetzt in die Lençóis?“, fragt Regina frech. „Dann können wir bei der Wüstendurchquerung künftig ja bei dir Pause machen!“

Dezember

Am Morgen nach meiner Rückkehr klatscht es schon frühmorgens vor meinem Gartentor. Es ist Vera, die mit verheulten Augen draußen steht: „Darf ich reinkommen?" Was ist bloß passiert? Ihr Cacau hat doch gerade wochenlang irgendwo im Hinterland gearbeitet und dafür eine saftige Zulage bekommen. Davon wollten sie endlich einen richtigen Fußboden legen lassen. Fast jede Woche hat Vera sich die Fliesen im Baumarkt angeguckt und mir vorgeschwärmt, wie wunderbar es sein würde, nicht mehr den staubigen Estrich putzen zu müssen. Warum ist sie jetzt so unglücklich? „Ach Cristina", schluchzt Vera, „du kannst es dir gar nicht vorstellen. Er hat mich nicht einmal gefragt!" Ihre Schultern zucken, und ich nehme sie erstmal in den Arm. Es dauert eine ganze Weile, bis sie sich soweit beruhigt hat, dass sie mir ihren Kummer erzählen kann. Cacau hat das gesparte Geld statt in Fliesen als Anzahlung für ein Grundstück angelegt. „Ich weiß nicht, wann wir je wieder so viel Geld haben werden", schluchzt Vera. Und dann bricht es aus ihr heraus. Wie satt sie es hat, dass ihr Mann alle Entscheidungen im Alleingang trifft. Dass sie in diesem Rohbau leben muss, der ständig staubig ist und vermutlich nie fertig werden wird. „Wenn ich gewusst hätte, dass meine Ehe so sein wird, hätte ich doch mit dem Gringo damals gehen sollen."

Wie bitte? Ich denke, ich höre nicht richtig. Meine ihrem Cacau so treu ergebene Nachbarin hat ihre Ehe satt? Und hatte sogar mal einen Gringo als Freund? Ich habe längst bemerkt, dass europäische Männer bei den brasilianischen Frauen hoch im Kurs stehen. Abgesehen davon, dass jeder als wunderschön gilt, der blaue Augen, helle Haare und ein paar Zentimeter mehr Körpergröße vorzuweisen hat, halten sie die europäischen Männer für großzügig, wohlhabend und liebevoll. „Na ja, Freund kann man es nicht direkt nennen", wiegelt Vera ab. „Ich bin mal von einem angesprochen worden, als ich in Boa Viagem am Strand war – aber weil ich nicht verstehen konnte, was er gesagt hat, habe ich mich nicht getraut, mit ihm zu gehen. Aber schön war der!" Sie guckt schwärmerisch und vergisst darüber kurzfristig sogar ihren Kummer. Wie das Kennenlernen am Stadtstrand von Recife, wo die Touristen sich tummeln, wohl funktioniert? Tatsache ist jedenfalls, dass der Sextourismus – auch mit Minderjährigen – in Recife und Umgebung ebenso blüht, wie überall in Brasilien, wo Touristen auf arme Mädchen und Frauen treffen, die von einem besseren Leben träumen.

Am Sonntag will ich es genauer wissen und fahre mit dem Bus bis zum Platz von Boa Viagem, wo an Imbissständen asiatische Gemüserollen und gebratene Nudeln duften, Fischbällchen in Palmöl braten und Kunsthandwerker Souvenirs ausbreiten. Eine kleine Kapelle steht etwas verloren zwischen den Wolkenkratzern. Sie ist umgeben von alten Bäumen, die sich zwischen den Häuserschluchten behaupten und auf dem kleinen Platz eine gemütliche Dorfatmosphäre verbreiten. Vom Strand trennen den Platz eine zweispurige Straße und ein breiter Fußgängerweg, der von einem Mäuerchen begrenzt ist. An diesem Nachmittag hat die Flut den Strand bis auf einen schmalen Streifen Sand geschluckt. Darauf drängen sich Plastikstühle, Sonnenschirme und Pyramiden aus geleerten, grünen Kokosnüssen. Bierdosen rollen den Wellen entgegen, Plastikbecher knistern über den Sand. Da sind sie, die alleinreisenden Europäer, schon von weitem zu erkennen mit ihrer leuchtend weißen Haut und den knallbunten Badehosen. Fast alle grauhaarig, mit Bauchansatz und bestens gelaunt. Ob sie auf Abenteuer aus sind? Oder nur mal so unter Männern Urlaub machen?

Ich überquere die Avenida, setze mich auf die niedrige Mauer und beobachte die Passanten. Ein paar Meter neben mir tut ein Tourist um die fünfzig das Gleiche. Zuerst kommt eine junge Frau mit müdem Gesicht vorbei, deren narbiger Bauch wohl schon mehrere Kinder ausgetragen hat. Sie schwenkt im Vorbeigehen lustlos die Hüften, doch mein Nachbar scheint nicht interessiert. Es folgen zwei Pärchen, die nur Augen füreinander haben und dann zwei Mädchen, Kinder noch, in billigen Flatterröckchen, die kaum über den Po reichen. Auffallend langsam schlendern sie an uns vorbei, bleiben neben dem Mann stehen. Die Ältere, sie mag vielleicht zehn sein, schiebt sich ihr T-Shirt hoch und streicht unsichtbare Sandkörner von ihrem glatten Kinderbauch. Zupft an ihrem Rock, sodass er noch ein paar Zentimeter mehr von ihrem goldbraunen Schenkel freigibt. Die Kleinere hängt an ihrer Hand und wippt ungeduldig mit dem Fuß. Was wäre, wenn mein Nachbar sie anspräche? Wie würden sie reagieren? Und könnte ich tatenlos zusehen? Aber er ist offenbar nicht an Kindern interessiert und guckt schon wieder in die andere Richtung.

Auf der anderen Straßenseite hingegen unterhalten sich zwei Urlauber lebhaft mit zwei Mädchen, die aufgeregt ihre langen Locken schütteln, sich die knallrosa angemalten Lippen befeuchten und beim Kichern perlweiße Zähne blitzen lassen. Hübsche Mädchen, vielleicht gerade achtzehn, vielleicht aber auch erst fünfzehn Jahre alt. Angegraute Brasilianer würden sie vermutlich keines Blickes würdigen. Ist es schon Sextourismus, wenn die Männer sich mit den Mädchen auf einen Urlaubsflirt einlassen? Ist es schon Prostitution, wenn sich die Mädchen zum Essen ausführen und beschenken lassen?

Abends bin ich im Zentrum mit Adriana verabredet. Wir gehen zu Fuß in die Rua da Moeda in der Altstadt, weil dort sonntagabends ein Jazztrio auftritt. Als wir beim Graviolasaft in der Kneipe sitzen und der warmen Stimme der Sängerin lauschen, erzähle ich Adriana von meinen Gedanken. „Es gibt eine Organisation in Olinda, die gegen Prostitution bei Minderjährigen arbeitet", sagt sie, „guck dir das doch mal an." Schon am nächsten Tag bekomme ich einen Termin bei „Mulher Vida". Eine grazile junge Frau begrüßt mich herzlich und drückt mir ein fotokopiertes Heftchen in die Hand. „Da haben wir eine Untersuchung mit Prostituierten zwischen zwölf und achtzehn gemacht", erklärt sie, „das kannst du dir ansehen, während ich den Kurs vorbereite." Ich muss schlucken. Zwölfjährige Prostituierte. „Mein Freund ist groß, blond und schön und schenkt mir schöne Kleider. Irgendwann wird er mich mitnehmen in seine Heimat. Ich bin nur unsicher, ob ich da meine Familie vermissen werde", schreibt eine Vierzehnjährige. Bei einer Achtzehnjährigen heißt es weniger romantisch: „Ich gehe lieber mit den Europäern, weil die mehr bezahlen und nicht so grob sind. Einen anderen Job kann ich mir nicht vorstellen, ich habe doch nichts gelernt."

Als ich die Broschüre durchgeblättert habe, tritt die junge Frau neben mich und stellt sich als „Mana" vor. Der Spitzname bedeutet so viel wie „Schwester", und so fühle sie sich auch oft, wie eine Art große Schwester der Mädchen, die sie betreut. Sie bittet mich in einen Nebenraum, dessen Wände mit Buntstiftzeichnungen von blonden Märchenprinzen dekoriert sind. Am wichtigsten sei es, die ganz jungen Mädchen zu erreichen und deren Selbstbewusstsein zu stärken. „Unsere Untersuchungen haben gezeigt, dass fast alle Mädchen, bevor sie sich prostituieren, zuhause oder in ihrer näheren Umgebung missbraucht worden sind. Sie haben längst gelernt, ihren Körper als Ware zu betrachten. So gesehen ist es für manche sogar eine Verbesserung, dass die Freier sie immerhin bezahlen." Mana leitet mehrmals wöchentlich Präventivgruppen in Schulen in den Slums, die nah am Strand gelegen sind. „Komm doch morgen nach Porta Larga, dann bekommst du eine bessere Vorstellung davon, was ich dir hier erzähle", lädt sie mich ein.

Weil ich vor dem Berufsverkehr losfahre, bin ich viel zu früh in dem staubigen Stadtviertel, in dem außer mir niemand aussteigt. Die Nacht war kurz, und ich könnte gut einen Kaffee vertragen. Es gibt weder eine Bäckerei noch einen Lebensmittelladen oder Imbiss. Um Punkt halb acht stehe ich vor dem Schultor, das mit einem schweren Gitter und mehreren Vorhängeschlössern gesichert ist. Werden hier sogar Schulen überfallen? Der Pförtner öffnet mir eine kleine Tür im Gitter, als ich ihm erkläre, dass ich mit Mana verabredet bin. Drinnen kreischen und lärmen Hunderte Kinder und Jugendliche. Mana finde ich in einem Klassenraum, dem Tür und Türrahmen fehlen. Die Mädchen, die bei ihr auf den niedrigen Stühlchen hocken, erinnern mich an die zwei vom Wochenende in Boa Viagem. Eine vielleicht Vierzehnjährige mit sorgsam lackierten Fingernägeln lutscht selbstvergessen am Daumen, ihre Banknachbarin hat sich das kindlich wirkende Gesicht grell geschminkt und bürstet sich hingebungsvoll die dichten Locken. Ein dicklicher Junge wirft mit Papierflugzeugen nach den beiden.

Als Mana fragt, welche Erlebnisse mit Sex und Touristen sie hatten, wissen sogar die Elfjährigen schon etwas zu erzählen. Weil in ihrem Slum ein Bordell liegt, zu dem die Fremden mit dem Taxi kommen. Weil ihre Großmutter Drogen an die Fremden verkauft und die Tante mit einem verheiratet ist. Es ist ihnen anzumerken, wie faszinierend sie den Kontakt mit der fremden Welt finden. „Ein Engländer wollte mich nackt fotografieren und hat mir eine Menge Geld angeboten", erzählt die zwölfjährige Aline, die auch als Fünfzehnjährige durchgehen würde, „aber das habe ich mich nicht getraut." Ihre Banknachbarin Daniele berichtet: „Meine Freundin arbeitet im Bordell, sie mag die Gringos am liebsten, mit denen verdient sie an einem Wochenende so viel wie ihr Vater im ganzen Monat." Es klingt fast, als wolle Daniele auch gern so viel verdienen. Mana ist das nicht entgangen. „Manchmal", sagt sie leise zu mir, „erzählen die Mädchen von einer Freundin, wenn sie nicht zugeben wollen, dass sie von sich selbst sprechen."

Nach der Stunde mit Mana gehen die Mädchen und Jungen wieder in den normalen Unterricht. Mana und ich bleiben sitzen. Die Erzählungen der jungen Mädchen haben mich berührt. Welcher Urlauber, der sich mal eben auf einen Ferienflirt mit einem jungen Mädchen einlässt, macht sich schon Gedanken darüber, wo seine Kurzzeitfreundin herkommt und wie ihr Leben sonst aussieht. Oder käme gar auf die Idee, dass er sie ausbeutet. Mana erläutert: „Ausbeutung ist es immer dann, wenn in der Beziehung einer von beiden zum Objekt wird. Also auch in der sogenannten Ferienliebe, wenn das Mädchen dazu da ist, die Bedürfnisse des Mannes zu befriedigen." Zwar bekommen die Mädchen Geld, werden ins Restaurant eingeladen und womöglich beschenkt – aber sie entscheiden sich dafür weit weniger frei als die Gringos. In fast allen Hotels von Boa Viagem weisen Plakate darauf hin, dass Sex mit Minderjährigen auch in Brasilien strafbar ist und dass Alleinreisende keine Frauen mit aufs Zimmer nehmen dürfen. Eine Garantie, dass es nie passiert, ist das leider nicht. Die Zehnjährige vom Sonntag jedenfalls würde sicher nicht so aufreizend vor Fremden herumstehen, wenn sie damit nie Erfolg gehabt hätte. Ziemlich nachdenklich fahre ich auf die Insel zurück.

Auf Itamaracá sieht es in weiten Teilen nicht viel anders

aus als im Slum. Gegenüber unserem Straßenanfang auf einem baumbestandenen Grundstück am Bach steht neuerdings ein halbes Dutzend eng aneinander gedrängter Hütten, fast über Nacht aus Ziegeln, Pressholz und Wellblech zusammengeschustert. „Invasão“ nennt Patrícia das und erklärt mir, das seien illegale Bauten, das Gelände gehöre eigentlich der Gemeinde. Aber wer es schaffe, so ein illegales Haus unbemerkt zu errichten, über Nacht ein Dach auf sein Bauwerk zu setzen und dann gleich einzuziehen, der könne kaum mehr vertrieben werden. Auch mein Haus sei übrigens illegal, die gesamte Straße eine Invasão, sagt Patrícia. Muss ich jetzt befürchten, dass unvermittelt eine Abrissbirne hier auftauchen kann? Patrícia beruhigt mich, während sie die Hornhaut von meinen Füßen raspelt: „Nein, die Straße hier gibt es schon Jahre, diese Häuser reißt niemand mehr ab.“ Erstaunlich finde ich, dass Strom- und Wasserwerk offenbar auch in ungesetzliche Gegenden ihre Leitungen und Zähler verlegen. „Die akzeptieren jeden Kunden, den sie bekommen können“, lautet Patrícias trockener Kommentar.

Sie hält mir ihre Tasche voller Nagellackfläschchen hin, damit ich mir eine Farbe aussuche. Ich wähle ein dezentes Elfenbein, erzähle von meinem Besuch in Porta Larga und traue mich schließlich, die Frage auszusprechen, die mich seitdem beschäftigt: Gibt es auf der Insel auch sexuellen Missbrauch in Familien? Patrícia nickt. „Du kennst doch Zé mit den Kühen?“, fragt sie, und ich bekomme einen Schreck: Gehört mein Milchlieferant etwa zu den Tätern? „Dessen Onkel lebt allein mit seinen zwei Töchtern, seit ihm die Frau weggelaufen ist. Die Große ist mindestens schon fünfzehn, aber er badet sie täglich in einem Bottich, wäscht sie von oben bis unten. Das macht er ganz offen im Garten, seine Nachbarin hat es mir erzählt. Was er sonst noch mit dem Mädchen anstellt, mag man sich lieber nicht vorstellen.“ Patrícia erzählt weiter von einer Bekannten, die als Vierzehnjährige schwanger wurde, obwohl niemand sie je mit einem Freund gesehen hatte – das Baby sah dann dem Opa verdächtig ähnlich. Geschockt wirkt sie nicht dabei. Ebenso wenig wie wenn sie mir berichtet, dass ihre Nachbarin mal wieder von ihrem Mann verprügelt wurde. Statistisch gehört Pernambuco, der Bundesstaat, in dem ich lebe, zu den zehn gewalttätigsten gegenüber Frauen. Pro Jahr werden knapp 300 ermordet, die meisten von Ehemännern oder von Ex-Ehemännern. Patrícia gibt mir einen kleinen Klaps auf den Fuß, wie immer, wenn sie mit der Verschönerung fertig ist, und sagt scherzhaft: „Verstehst du jetzt, warum du mir unbedingt einen Deutschen mitbringen musst?“ Dann fragt sie mich, ob ich schon weiß, wie ich Silvester verbringe.

Weihnachten war ich allein zuhause. Bei Temperaturen von mehr als dreißig Grad wollte mir keine Feststimmung gelingen, obwohl ich sogar bunte Schmuckkugeln in den Hibiskus vor meiner Terrasse gehängt habe. Ich hatte nicht einmal Lust auf ein Festmahl und mir lieber Açai gemixt, eine Art Eis aus den dunkelvioletten Früchten einer Palmsorte. Dazu gab es Schokostreusel und frischen Saft. Nur als meine Eltern angerufen haben, kam eine leise Wehmut bei mir auf. Das lag aber vermutlich mehr daran, dass mir meine Familie und Freunde aus Deutschland manchmal ganz schön fehlen, denn eine Weihnachtsgans oder einen Lebkuchen habe ich am Heiligabend eigentlich nicht vermisst.

Meine Glitzerkugeln hat die Sommersonne in den wenigen Tagen seitdem ausgeblichen, und wenn nicht bei meinen Nachbarn noch die Plastiktannenbäume geschmückt wären, hätte ich Weihnachten sicher schon vergessen. Jetzt am Wochenende ist also Silvester. „Was machst du denn?“, frage ich Patrícia zurück. „Wir feiern zuhause und gehen dann nach Mitternacht an den Strand“, sagt sie, „komm doch auch!“

Am letzten Abend des Jahres mache ich mich um sieben Uhr abends auf den Weg. In meinem schönsten Kleid, schwarz mit weißen Pünktchen, das sogar die Knie bedeckt, falls es da an Silvester irgendwelche Einschränkungen geben sollte. Patrícia treffe ich in ihrem winzigen Garten an, wo sie gerade dabei ist, eine Lichterkette in den Jambo-Baum zu hängen. Sie begrüßt mich freudig mit Küsschen rechts und links, und dann bleibt ihr Blick an meinem Kleid hängen. Sie sagt nichts, aber ich merke, dass irgendetwas nicht stimmt. Patrícia trägt Weiß. Habe ich schon wieder die falsche Farbe gewählt? „Nein, nein, es muss kein Weiß sein, Schwarz geht auch“, sagt sie. Dass das eine Trostlüge ist, merke ich wenig später, als die anderen Eingeladenen eintreffen. Alle tragen helle Farben, als wollten sie zu einem Candomblé-Fest. Irgendwie ähnelt der volkstümliche Aberglaube auffallend den Afrobräuchen, aber das sage ich Patrícia lieber nicht.

Außer ihrer Mutter kommen ein trinkfreudiges Pärchen und ein einzelner Herr, wohl ein Verehrer der Mutter. Während wir so im Garten stehen und über das Wasser plaudern, das neuerdings nur noch selten aus der Leitung kommt, baut Patrícia auf einem niedrigen Gartentisch ein Buffet auf, bei dessen Anblick ich sofort Hunger bekomme. Große Platten mit portugiesischem Käse, Salami und kaltem Truthahn, Schüsseln mit diversen Salaten, frittiertem Maniok und gebratenem Reis. In aus Palmblättern geflochtenen Körbchen häufen sich Trauben, Melonenstückchen und Mangos. Kokoskürbiscreme, Stockfisch, Linsen und mehrere Süßspeisen sind appetitlich in Schalen angerichtet. Sogar das Fernsehgerät hat Patrícia in den Garten geschleppt, auf dem Bildschirm läuft eine Silvestershow ohne Ton, unterlegt mit Brasilpop von einer CD. Der Verehrer in Anzughose und weißem Hemd übernimmt sehr galant die Getränkeversorgung und bietet mir die Wahl zwischen Whisky oder Cola-Zuckerrohr-Schnaps an, und da ich von Whisky Kopfschmerzen bekomme, wähle ich die zweite Möglichkeit.

Patrícia ist mit der Auswahl der Musik beschäftigt, der Freund des Hauses versorgt uns ständig mit neuen Getränken, und ich versuche, mich in das Gespräch des Paares zur Kindererziehung einzubringen. So richtig will mir das nicht gelingen, weil die großzügig gemixten Drinks auf leeren Magen mein sonst durchaus flüssiges Portugiesisch irgendwie ins Holpern bringen. Irgendwann verschwimmen für mich die Stimmen der beiden mit der Musik zu einem Hintergrundrauschen, und ich konzentriere mich vor allem darauf, ein lautes Knurren meines Magens zu unterdrücken und nicht allzu begehrlich auf die Speisen zu starren. Warum um Himmels willen bietet Patrícia uns nichts zu essen an? Es geht langsam auf Mitternacht zu, ich bin halb verhungert und mehr als halb betrunken. Niemand außer mir scheint die Leckereien anrühren zu wollen. Hat Patrícia sie etwa nur zu Dekozwecken angerichtet? Zu fragen traue ich mich nicht. Erst recht nicht, weil ich meiner schweren Zunge kein ordentliches Artikulieren mehr zutraue.

Um kurz nach Mitternacht, als wir auch noch mit Sekt angestoßen und vom Dach aus einige wenige Leuchtraketen und ganz viele Böller bestaunt haben, schneidet Patrícias Mutter endlich den Truthahn auf. Für mich ist es da leider schon zu spät, ich fürchte, wenn ich meinem misshandelten Magen jetzt plötzlich feste Nahrung zumute, wird er sich wehren. Obwohl die anderen sich alle schon lange kennen, ist die Stimmung bislang ein wenig steif, kein Vergleich zu den ausgelassenen Momenten, die ich sonst oft mit Patrícia erlebe. Immerhin erklärt sie mir jetzt, dass dieses Mitternachtsmahl hoch symbolisch ist und weniger der materiellen Ernährung als der spirituellen Glücksbeschwörung just zum Zeitpunkt des Jahreswechsels dient. Der Truthahn ist so gesehen eigentlich fehl am Platz, Truthähne und Co. scharren nämlich rückwärts und können so Rezessionen verursachen. Empfehlenswerter sind Fische oder Schweine – die nach vorne schwimmen oder rüsseln. Linsen bringen Wohlstand, wer Trauben isst und deren Kerne hinter sich wirft, darf sich etwas wünschen. Ein paar Trauben wird mir mein Magen wohl verzeihen; ich werfe nonchalant die Kerne an die Gartenmauer und wünsche mir so einfach alles Glück und den Wohlstand, den ich mir nicht erfuttern konnte.

Als alle gegessen haben, dreht Patrícia die Musik lauter, und es kommt endlich Stimmung auf. Unverhofft taucht noch eine Reihe weiterer Gäste auf, und bald tanzt in dem kleinen Garten jeder mit jedem. Beschwingt wiege auch ich mich mit allen verfügbaren Tanzpartnern zu Rhythmen, die ich nicht identifizieren kann und das ist eigentlich sehr nett, weil es mir gerade ganz schnuppe ist, ob ich die Tänze beherrsche oder nicht. Irgendwann gehen wir alle an den Strand, das heißt, ich schwanke mehr am Arm des Hausfreunds, der erstaunlich standfest auf der anderen Seite auch noch Patrícias Mutter stützt. Auf dem Weg zum Wasser drückt ihm ein Fremder eine halbvolle Flasche Rum in die Hand, mit den Worten: „Nehmt, ich kann nicht mehr." Ich kann schon lange nicht mehr, aber meine Stütze kichert: „Darauf kommt es jetzt auch nicht mehr an." Und prostet uns allen zu. Zum Glück hängt sich jetzt auf der anderen Seite Patrícia bei mir ein, sodass die beiden mich einfach mitziehen. So gelange ich bis ins flache Wasser, wo die anderen anfangen, zu hopsen, wie Kinder beim Spiel. „Wir müssen jetzt über sieben Wellen springen, das bringt Glück!", ruft Patrícia. Ein paar kleine Hüpferchen schaffe ich gerade noch. Dann lasse ich mich einfach ins Wasser fallen: So ein morgendliches Meerbad am ersten Januar soll schließlich der beste Anfang für das neue Jahr sein.

Januar

Der Januar ist in Brasilien so etwas wie der August in Frankreich. Es ist so heiß wie nie, alle haben frei, das Land macht Pause. Hier bedeutet das: Die Inselbevölkerung von normalerweise etwa 20 000 Menschen steigert sich um ein Vielfaches, alle Ferienhäuser sind vermietet, alle Gästesofas und Wohnzimmer mit Verwandten und Bekannten belegt. Bei Polho und seiner Tante lagern seit Tagen ein paar Jugendliche aus dem Slum, die allen Klischees entsprechen: Mit flächendeckenden Tattoos, reichlich Piercings, dicken Ketten und Ringen geschmückt, liegen sie Bier trinkend und rauchend im Schatten und hören laute Musik mit Texten, von denen ich gar nicht alles verstehen möchte. Sie gehen am späten Abend aus und kommen vermutlich erst morgens zurück, denn den halben Tag verschlafen sie. Wenn ich an Polhos bevölkerter Terrasse vorbeikomme, fühle ich mich, als sei ich in den Augen der Besucher eine potenziell auszubeutende Reiche – und vielleicht bin ich das auch. Vielleicht bemerken sie mich aber auch gar nicht und genießen nur ihre Ferien auf ihre Weise.

Ich jedenfalls genieße sie auf meine Art. Denn der Januar ist auch der Monat der Kulturveranstaltungen und Musikkonzerte. Als am Sonntag die Busse schon morgens voll mit Sonnenhungrigen auf die Insel geschaukelt kommen, stehe ich zum Glück auf der gegenüberliegenden Straßenseite, weil ich zu Adriana in die Stadt fahren will. Sonntags mag ich Recife inzwischen am liebsten. Die Straßen sind angenehm leer, der Lärm der vielen Verkäufer ist verstummt, und statt Abgasen kann ich den Duft von blühendem Jasmin riechen.

Als wir gegen Mittag übermütig auf dem Kopfsteinpflaster hüpfen, zeigt mir Adriana einen Mangobaum voller reifer Früchte. Der Baum steht auf dem Gelände des Regierungspalastes, aber mehrere Äste hängen auf den Bürgersteig. Wir werfen mit kleinen Steinen nach den Früchten und freuen uns wie die Kinder, als es uns gelingt, drei davon zu ernten, bevor die Wachmänner auf uns aufmerksam werden. Aber wir haben kein Messer dabei, um sie zu schälen! Kein Problem. Adriana zeigt mir, wie ich ein winziges Loch in die Schale beißen und daraus den Saft und das Fruchtfleisch herauslutschen kann, ohne einen Tropfen zu verschwenden.

Wir fahren nach Boa Viagem zum Park Dona Lindu. Den hat Ex-Präsident Lula gegen Ende seiner Amtszeit errichten lassen. Er stammt ja aus Pernambuco, und der Park ist so etwas wie sein Geschenk an seinen Heimatbundesstaat. Die Bezeichnung Park ist dabei irreführend, denn es handelt sich um eine weitgehend betonierte Fläche, die mit einzelnen, ziemlich vertrockneten Rasenstückchen durchsetzt ist. Darauf stehen weiß gestrichene Bauten, die an die Architektur von Oscar Niemeyer erinnern. Lindu heißt er nach Lulas Mutter, die dem Archetyp der alleinerziehenden Nordostfrau entspricht. Sie ist damals mit ihren sieben Kindern auf einem Lkw nach São Paulo ausgewandert, um dort ein besseres Leben zu suchen. Es dämmert schon, als wir ankommen, und alle Rasenflächen sind besetzt: Heute ist der letzte Abend eines internationalen Festivals für Straßentheater. Es riecht nach Kokoskaramell, gerösteten Maiskolben und Popcorn, der Himmel färbt sich in Petrol und Hellrosa, und ein kühler Wind streicht vom Meer herüber. Bei einem der fliegenden Händler kaufe ich mir eine riesige Tüte Popcorn, und wir klettern hoch zu den letzten freien Plätzen auf einer halbrunden Tribüne. Zu fröhlichen Akkordeonklängen tanzt innig umschlungen ein Clownspaar auf die Bühne und stellt sich als Chiquinha und Carrapicho aus Südbrasilien vor. Was folgt, ist eine wilde Mischung aus Pantomime und modernem Tanz, aus Musik und Schauspiel über die Irrungen und Wirrungen einer Paarbeziehung. Die Clowns wechseln zwischen verliebtem Engtanz und dramatischem Machtspiel beim Tango. Schließlich geraten sie in einen wüsten Streit, bei dem sie einander die Jonglierkeulen um die Ohren hauen. Die eben noch so elegant tanzende Chiquinha bellt plötzlich wüst wie ein Hund, und Carrapicho bricht ganz unmännlich in herzzerreißendem Schluchzen zusammen. Viel zu schnell ist das Spektakel vorbei. Mütter, Kinder und die wenigen anwesenden Väter rufen unter Pfeifen und Trampeln nach einer Zugabe, aber die Clowns schütteln die Köpfe: Sie müssen die Bühne für die nächste Vorstellung räumen. In der Pause hole ich mir einen frisch aus dem saftigen Zuckerrohr gepressten Saft, der mit seiner würzigen Süße fast eine Mahlzeit ersetzt. Auf der Bühne radeln inzwischen Gaukler auf dem Einrad und jonglieren balancierend mit hell lodernden Fackeln. Danach sollen noch mehrere Bands auftreten, aber uns reichen die bunten, schönen Bilder der Vorführung, wir gehen nach Hause. Über uns leuchten die Sterne am Himmel, als wir zur Bushaltestelle laufen.

Die Stadtabende mit Adriana sind für mich die urbane Würze, ohne die mir in meinem Inselleben etwas fehlen würde. Wir können uns wunderbar über das furchtbar falsche Portugiesisch des Ex-Präsidenten Lula aufregen oder über das Machogehabe der meisten Männer lästern. Adriana erzählt mir von ihrem neusten Tanzprojekt und ich ihr von meinem nächsten Artikel. Wir kochen zusammen, kaufen Klamotten ein oder stöbern im Kulturteil der Zeitung nach dem spannendsten Programm fürs Wochenende. Und doch habe ich manchmal das Gefühl, dass uns zu einer richtigen Freundschaft noch etwas fehlt. Dass Adriana mir nur eine Sonnenseite ihrer selbst präsentiert und mir eventuelle Schatten vorenthält. Auf der Insel besucht hat sie mich noch nie. Sie vertrage keine Sonne, sagt sie. Ich habe eher den Verdacht, dass ihr mein Haus zu einfach ist, die Nachbarn zu arm, das ganze Ambiente nicht schick genug. Gesagt habe ich ihr das nicht. Weil ich von Patrícia gelernt habe, dass allzu viel Direktheit in Brasilien nicht gefragt ist. „Du mit deiner deutschen Offenherzigkeit", sagt Patrícia oft lachend, wenn ich sie um Rat im Umgang mit ihren Landsleuten bitte. „Bei uns kannst du nicht einfach alles aussprechen, was dir gerade in den Sinn kommt. Ich kenne dich ja und nehme dir nichts übel, aber andere Leute sind da schnell verletzt."

So sensibel die Brasilianer bei verletzenden Worten sein können, so unempfindlich sind sie offenbar gegenüber musikalischer Volldröhnung. Neuerdings lebe ich nämlich in einer Disco. Der Rohbau, der bislang unbeachtet zwischen Veras und meinem Haus vor sich hin moderte, ist seit ein paar Tagen bewohnt. Gezählt habe ich sie nicht, aber es müssen mindestens ein Dutzend Menschen sein, die sich in dem winzigen Bau aus unverputzten Mauern, gestampftem Lehmboden, mit Brettern vernagelten Fenstern und einem Dach aus Wellpappe eingerichtet haben. Damit habe ich nicht gerechnet, als vor Wochen bei mir zwei stille ältere Damen angeklopft und gesagt haben, sie überlegten, den Rohbau samt Grundstück zu kaufen. Sie wollten wissen, ob die Lage hier ruhig und sicher sei. Ist die Meute womöglich mit ihnen verwandt? Bisher konnte ich die Damen in dem wilden Haufen nirgends entdecken. Von meiner Terrasse aus beobachte ich mit großem Interesse die Live-Telenovela der neuen Nachbarn. Zwei ältere, ziemlich umfangreiche Frauen bringen in regelmäßigen Abständen große Schüsseln mit Reis und Feijão, den typischen dicken Bohnen, aus dem Innern der Hütte auf die Terrasse. Auf der Grünfläche vor dem Haus gruppieren sich die Männer in Boxershorts und Unterhemden um ein Grillfeuer, auf dem sie Schweinerippen und Hühnerflügel grillen. Daneben steht ein gewaltiger Kasten aus Styropor, in dem Bierdosen auf Eisbrocken ruhen. Meist ruhen sie nicht sehr lange, denn der Verbrauch ist hoch. Schließlich gibt es ja noch reichlich Jungvolk: perfekt gestylte Mädchen, die sich mehrmals täglich die langen Haare unter dem Strahl der improvisierten Dusche aus dem Gartenschlauch waschen, und magere Jungs, die mit großen Gesten und markigen Worten versuchen, wie starke Männer zu wirken.

Bei einem Pärchen herrscht seit Tagen angespannte Stimmung, und ihre Auseinandersetzungen kommen bei mir wie ein dramatischer Stummfilm an, denn die Musik – gespeist aus einem Stromkabel, das illegal an die Hauptleitung geklemmt ist – ist viel zu laut, als dass ich Worte der Unterhaltungen verstehen könnte. Soweit überhaupt Unterhaltungen stattfinden. Gerade sitzt das Mädchen in knappen Shorts und Bikinioberteil mit tief verletztem, aber auch stolz abweisendem Gesicht auf der anderen Straßenseite im Gras, den Rücken an die Mauer gelehnt, den Blick starr auf ihr Handy gerichtet. Ihr Freund zischt – scheinbar ganz unbeteiligt – am Grillfeuer das eine oder andere Bier, versucht dann aber doch, sich ihr unauffällig zu nähern. Ganz so unauffällig gelingt ihm das nicht, denn er ist schon etwas unsicher auf den Beinen. Kühl dreht sich die Angebetete im letzten Moment von ihm weg und lächelt einen anderen der Männer am Feuer an. Der reagiert sofort auf die stumme Aufforderung und wenig später verschwinden die beiden Richtung Strand.

Jetzt müsste eigentlich der Eklat folgen, doch der Verschmähte tut weiter unberührt, stolpert zurück zum Feuer und kommentiert das Geschehen den anderen Männern gegenüber nur mit einer wegwerfenden Geste. Die Runde zischt ein weiteres Bierchen, und nur, wer so genau hinsieht wie ich, merkt, dass der Sitzengelassene dabei ungeduldig von einem Bein aufs andere schwankt. Bis er es nicht mehr aushält und eindringlich auf einen seiner Kumpels einredet. Nach einigen Minuten greift der Kumpel in seine Hosentasche und zieht einen Autoschlüssel heraus. Bevor ich mich versehe, hat der Eifersüchtige sich den Schlüssel geschnappt und die Tür des alten Chevette geöffnet, der an meinem Gartenzaun parkt. Unwillkürlich trete ich ein paar Schritte zurück, als er den Motor aufheulen lässt. Dann scheppert es auch schon: Der Chevette hat den Strommast gefällt. Unter wildem Palaver versuchen die restlichen Männer, den schweren Betonmast aufzurichten oder wenigstens die Kabelenden wieder miteinander zu verbinden. Derweil muss der Betrunkene im Auto den ersten Gang eingelegt haben, denn plötzlich macht das Auto einen großen Satz – und landet in meinem Gartenzaun. Der ist aus Bambus und dem Angriff leider nicht gewachsen.

Obwohl ich versuche, streng zu gucken, kann ich nicht anders, als hemmungslos zu kichern. Ich gluckse immer noch, als wenig später eine der netten älteren Damen vor mir steht und sich entschuldigt. Sie wisse gar nicht, wie sie das wieder gutmachen könne. Ihr Neffe sei Elektriker, der werde sich erstmal um den Strom kümmern, und den Zaun würde sie mir auch reparieren lassen, aber ich solle um Himmels Willen nicht die Polizei rufen, der arme Junge brauche seinen Führerschein morgen früh zum Arbeiten! Ob sie ernsthaft glaubt, der Trunkenbold sei in absehbarer Zeit in der Lage, irgendeiner Arbeit nachzugehen? Bevor ich mich dazu äußern kann, klingelt mein Handy. Ich ziehe mich ins Haus zurück und gehe ans Telefon.

„Hallo, hier ist Kelly“, flötet es aus dem Hörer. „Ich bin eine Cousine von Adriana und wollte dich immer schon mal kennenlernen.“ Kelly? Von der hat Adriana noch nie erzählt.

Dann kommt sie auch schon zum Punkt: „Du wohnst doch auf Itamaracá am Strand, oder? Was hältst du davon, wenn ich am nächsten Wochenende mit ein paar Freundinnen zu dir zu Besuch komme?“ Ich lasse mich auf meinen Korbstuhl plumpsen. „Nee, tut mir leid“, sage ich, „am Wochenende kommt schon die Cousine meiner Freundin Patrícia mit ihrer ganzen Familie, da ist leider gar kein Platz mehr. Aber danach kannst du dich gern noch mal melden!“ Anschließend bin ich selbst verblüfft, wie flüssig mir die wunderbar brasilianische indirekte Ablehnungslüge über die Lippen geflossen ist. Dabei habe ich nicht einmal ein Bier getrunken! Dann ziehe ich meine Strandsachen an, hole Polho zuhause ab und gehe mit ihm runter ans Wasser. Das leuchtet türkis unter dem hellblauen Himmel und könnte auf einer Postkarte nicht schöner aussehen. Nur mein Traum von Ruhe lässt sich leider nicht erfüllen: Die lärmenden Massen sind schon vor uns angekommen. Parken ihre Autos so nah am Strand wie nur möglich, und öffnen den Kofferraum. Nicht um die Picknicktasche herauszuholen, sondern, weil dort die Superlativboxen eingebaut sind, stark genug, um die halbe Insel zu beschallen. Am liebsten würde ich noch weiter weg fliehen, aber wohin?

Mitten in der Nacht klingelt mein Telefon. Ziemlich schlaftrunken merke ich: Am anderen Ende ist der Redakteur eines deutschen Magazins, der offenbar nicht an die Zeitverschiebung gedacht hat. „Wir brauchen dringend eine Geschichte über eine Trauminsel“, sagt er. „So etwas hast du doch sicher gleich vor der Tür, oder?“ Ich muss grinsen. Wie gut, dass er nicht sehen kann, wie sich nebenan die Schnapsleichen auf der Terrasse stapeln. Aber ich habe tatsächlich eine Trauminsel erster Klasse für ihn. Fernando de Noronha, das Traumziel aller Brasilianer. 500 Kilometer weit im Atlantik liegt die Vulkaninsel, die lange nur Gefangene beherbergt hat und inzwischen fast vollständig naturgeschützt ist. Es dürfen nur eine begrenzte Anzahl Touristen gleichzeitig dorthin, was die Insel zu einer der exklusivsten Adressen Brasiliens macht. Der Redakteur ist begeistert. Ich auch. Etwas Besseres kann mir gar nicht passieren. Obwohl es erst fünf Uhr morgens ist, kann ich nicht mehr schlafen. Um halb elf erreiche ich endlich Júnior vom Fremdenverkehrsamt und erzähle ihm, dass ich seinen Bundesstaat mit der Inselgeschichte ganz groß rausbringen werde. „Einfach wird das nicht, dir jetzt ein Ticket nach Noronha zu besorgen", sagt Júnior, „wir sind mitten in der absoluten Hochsaison! Aber ich gucke mal, was ich machen kann." Spätnachmittags, als die Party nebenan schon wieder in so vollem Gang ist, dass ich das Telefon beinahe überhört hätte, ruft er endlich zurück. Mit guten Nachrichten: In knapp zehn Tagen tausche ich Masse gegen Klasse.

An einem Samstagmittag stehe ich schließlich in der Schlange vor dem Abfertigungsschalter für Noronha neben Surfern mit riesigen Boards, Inselfamilien mit Pappkartons statt Koffern und einem unauffällig wirkenden Mann, der zwei Kisten mit Riesengarnelen als Übergepäck aufgibt und ohne zu murren mehr als hundert Euro Gebühren zahlt. Was die wohl kosten, wenn sie im Restaurant auf den Tisch kommen? In der winzigen Propellermaschine gibt es keine erste Klasse – vorn sitzen aber offenbar trotzdem die Insel-VIPs: braungebrannte Herren mit graumelierten Schläfen oder blonden Strähnchen, die über ihre neu eröffneten Hotels, Restaurants und Tauchschulen plaudern wie andere Menschen über ein neues Auto. Kurz vor der Landung sehe ich aus dem Fenster das tiefblaue Wasser des Atlantiks und eine dürre Landschaft, ähnlich wie auf dem Weg zu den Cowboys in Serrita. Dann ruckelt es ein bisschen, und wir sind da.

Der Wind bläst heiß wie ein Fön vom Meer auf die Landepiste. Eine blonde Frau vom Fremdenverkehrsamt stellt sich als Michele vor und bringt mich im offenen Militärjeep zu meiner Unterkunft. Beim Abschied kündigt sie an, sie hole mich später ab, zum Gourmetfest im legendären Restaurant Zé Maria. Dort treffen sich zweimal wöchentlich Society und Touristen zum Schlemmen, erklärt Michele. Sicher sehe ich auf dem Buffettisch die Riesengarnelen wieder.

Neugierig betrete ich das blau gestrichene Häuschen, in dessen Garten Hibiskus und Oleander blühen. Die Pension könnte das Ferienhaus von meiner Freundin Alice aus Rio sein: schlichte, massive Holzmöbel, Kunst mit Inselmotiven an der Wand, ein Blumenarrangement auf dem Tisch und sogar Bücher sind im Regal im Wohnzimmer. Etwas verloren stehe ich dort herum, denn eine Rezeption gibt es nicht. Schließlich entdecke ich ganz hinten vor der Durchreiche zur Küche eine diskrete Theke mit ein paar Infoblättern. Darauf liegen meine Schlüssel und ein Begrüßungskärtchen. Das Personal kommt offenbar nur morgens zum Frühstückmachen. Ich lege mich aufs weiche Doppelbett und schließe die Augen: Grillen zirpen, der Wind rauscht in den Blättern fremder Bäume, sonst ist es still.

Dabei bin ich wohl eingeschlafen, denn als es plötzlich an meiner Zimmertür klopft, und ich die Augen öffne, ist es schon dunkel. Michele ist wieder mit dem Jeep unterwegs, und auf dem Weg ins Restaurant vergleiche ich unwillkürlich die Umgebung mit meiner Insel. Selbst an der einzigen asphaltierten Straße stehen hier nur wenige Häuser, meistens Pensionen mit liebevoll geflochtenen Zäunen und bepflanzten Vorgärten. Der Eingang zum Restaurant von Zé Maria ist breit genug für Hollywoodempfänge und mit hellen Sandsteinplatten ausgelegt. Drinnen sitzen dicht an dicht Gäste an kleinen Tischen. Das sind die Touristen. Die VIPs aus dem Flugzeug entdecke ich an einem großen Familientisch bei einem jungen Mann mit Locken. „Er ist der Sohn des Inhabers", flüstert Michele. „Seiner Frau gehört die Pension, in der du schläfst – und der Familie die halbe Insel."

Etwas mehr als 2000 Menschen leben dauernd auf der Insel, dazu kommen etwa 800 Auswärtige, die nur vorübergehend Arbeit hier gefunden haben. Eigentlich sollte der Tourismus ganz in der Hand der Einheimischen liegen, laut Gesetz dürfen Zugereiste keine Unternehmen hier gründen, und alle Unterkünfte müssen einfache Familienpensionen sein. Theoretisch. In der Praxis reicht es, außen ein Schild anzubringen, auf dem „Pension" steht, um ein Luxushotel in eine den Regeln entsprechend bescheidene Unterkunft zu verwandeln. Und Investoren aus Rio und São Paulo suchen sich einfach einen einheimischen Partner, der als Strohmann dem Unternehmen vorsteht. Das erzählt mir Michele zwischen Languste und Räucherfisch. Danach hole ich mir noch einen Teller mit Sushi, Riesengarnelen und Salaten, spüle mit einem Gläschen Champagner nach und lasse eine mehrstöckige Eistorte folgen. Mit schwerem Magen lande ich kurz nach Mitternacht in meinem blauen Zimmer und träume davon, wie ich mit Polho, Italo und Esmeralda kistenweise Langusten und Tintenfische ausnehme.

Für den nächsten Tag hat Michele einen Strandbesuch geplant. Noronha hat zwei Seiten: die raue, dem offenen Meer zugewandte Ostküste für Surfer und Wellenfreaks und die ruhige, dem Festland zugewandte Seite für alle anderen. Mich fährt sie zum wellenlosen Strand Atalaia. Er liegt im Naturschutzgebiet und kostet Eintritt. Wie im Schwimmbad müssen wir uns durch ein Drehkreuz zwängen, um in eine halbmondrunde Bucht mit goldgelbem Sandstrand zu gelangen. Auf einem Holzdeck mit Sonnenschirmen warten mehrere Tauchlehrer auf Kunden. Darunter eine einzige Frau: Xoxa, blond, sommersprossig und resolut, bietet an, mir beim Schnorcheln die besten Stellen zu zeigen.

Das Wasser ist nicht so ganz mein Element. Ich kann nur mäßig schwimmen und habe noch nie geschnorchelt. Nachdem ich Xoxa das gestanden habe, darf ich mich in einen Rettungsring hängen, und sie zieht mich schwimmend durch das badewannenwarme, glasklare Wasser der Bucht. Unter uns wiegen sich Wasserpflanzen. Da! Sie zeigt nach unten: Wir schwimmen direkt über einer Meeresschildkröte, die gerade zartes Gras äst. Minutenlang bewegen wir uns beinahe synchron zu dem archaischen Tier. Dann zieht mich Xoxa weiter. Wir schweben inmitten eines Schwarms aus gelb gestreiften Fischlein, die herumtollen wie neugierige Kinder, und ich fühle mich wie in einem Märchen. Bis die gelben Fischlein verschwunden sind und plötzlich Haie neben uns schwimmen. Sie sind zwar nur einen halben Meter lang, sehen aber mit ihrer Rückenflosse und dem zackigen Maul nicht gerade vertrauenerweckend aus. Xoxa hat mir erklärt, das seien Babyhaie, vor denen man keine Angst haben müsse. Trotzdem bin ich froh, als wir die Fleischfresser hinter uns gelassen haben.

Viel zu schnell verfärbt sich der Himmel orange: Zeit für die Verabredung mit Michele, um den Sonnenuntergang an der Praia do Americano zu beobachten. Dort versinkt die Sonne glutrot zwischen zwei Felsen im Wasser. Eine knappe halbe Stunde lang führt sie ihr tägliches Schauspiel auf, und jeder Inselurlauber guckt es sich mindestens einmal an. Deswegen gibt es oben auf dem Plateau extra eine Open-Air-Lounge mit weißen Polstermöbeln, niedrigen Holztischen und weißen Windschutzsegeln. Sie hat jeden Tag nur eine Stunde geöffnet, genau zum Sonnenuntergang. Wir essen frittierte Fischbällchen und trinken dazu eiskalte Caipirinha. Als es dunkel wird, räumen die Kellner in Windeseile Sitzkissen, Bänke und Tische zusammen, die Motoren der Strandbuggys dröhnen, und auch Michele lässt den Jeep Staub aufwirbelnd über die Buckelpiste tanzen.

Zurück in meiner Unterkunft fühle ich mich schon wie zuhause, dabei bin ich erst den zweiten Tag auf der Insel. Vielleicht macht das einen Teil des Reizes hier aus: Alles ist so klein, dass einem Gesichter und Orte schnell vertraut werden. Michele verabschiedet sich heute von mir, ab morgen begleitet sie zwei Journalisten aus Frankreich. Ich bin gespannt, allein weiter die Insel zu erforschen. Beim Sonnenuntergang hat mir ein Paar aus Brasília einen Tipp gegeben, den nicht einmal Michele kannte: Im Garten einer Boutique mit Designerklamotten und Kunsthandwerk, die gleichzeitig Restaurant und Lounge ist, soll es Live-Musik geben.

Die eineinhalb Kilometer bis zum O Pico gehe ich in der lauen Nachtluft einfach zu Fuß. Im winzigen Garten duftet eine Basilikumhecke, und Musiker bauen gerade ihre Instrumente auf. Ich lasse mich auf einem Kaffeesack aus Jute nieder und gucke in den vermutlich schönsten Sternenhimmel des Nordostens. Dazu singt der Sänger mit seiner Samtstimme: „Viver e não ter a vergonha de ser feliz!" Leben und sich nicht schämen, glücklich zu sein. Dafür ist hier genau der richtige Ort.

Am nächsten Morgen laufe ich zu einem der frei zugänglichen Strände und setze mich in eine Strandbar im Schatten der Kokospalmen. Klänge von Miles Davis vermischen sich mit Vogelrufen. Als Kontrast zum Himmelblau erheben sich schroffe braune Hügel auf fast übertrieben goldgelbem Sand. Menschen sind kaum zu sehen. Einige Surfer warten auf die richtige Welle. Ein paar Sonnenhungrige sitzen im Sand. Sonst nichts. Ich verstehe immer besser, warum so viele Brasilianer Noronha für das Paradies halten.

Eine Familie zieht meine Blicke auf sich: Der kleine muskulöse Mann mit der typischen Mähne der Rastafari, die ihm bis auf die Hüften reicht, trägt ein Surfboard unter dem Arm. An der anderen Hand hält er ein kleines Mädchen mit blonden Locken. Und daneben geht die Mutter, eine hellhäutige Frau mit glatten Haaren, die sehr europäisch aussieht. Als sie sich in meiner Nähe im Schatten niederlassen, höre ich, dass die Frau mit ihrer Tochter deutsch spricht. Offenbar leben sie auf Noronha. Als der Rastafari sein Board zu den Wellen trägt, kommen wir ins Gespräch. Wie ist sie wohl dazu gekommen, hier zu leben? Sie lacht und deutet auf ihren surfenden Mann: „Ich bin als Touristin gekommen und habe am vorletzten Abend Filipe kennengelernt."

Einfach dageblieben ist sie trotzdem nicht. Einmal, weil sie eine ziemlich rationale Frau ist, aber auch, weil es gar nicht gegangen wäre. Auf der Insel wohnen nur Einheimische, Fremde mit Arbeitsvertrag oder mit Einheimischen Verheiratete. Die Angestellten bekommen vom Arbeitgeber eine Unterkunft gestellt. „Die ist meist nicht so paradiesisch", erzählt Sabina. „Ich kenne eine Rezeptionistin von einem der Luxushotels, die seit Jahren in einer engen Gemeinschaftsunterkunft wohnt – und ihr neunzehnjähriger Sohn und ihr Freund leben jeweils in einer anderen." Die Miete für ein Haus können sie sich nicht leisten. Sabina hat ihren Filipe nach einem halben Jahr geheiratet und wohnt mit Mann und Tochter in einem Zehn-Quadratmeter-Zimmer, das so viel kostet, wie auf dem Festland ein ganzes Haus. „Die Preise hier sind allgemein utopisch. Das geht bei den Tomaten im Supermarkt los und steigert sich bis zu den Strandkleidchen. Hast du gesehen, dass die im O Pico mehr als 200 Euro kosten?" Das war mir über der Freude am Samba tatsächlich entgangen.

Während die Sonne immer höher steigt, unterhalten wir uns über die Freuden und Schwierigkeiten des Lebens in Brasilien. Vieles, was Sabina erzählt, hört sich traumhaft an: die kostenlose Kinderkrippe gleich auf der anderen Straßenseite, die inexistente Kriminalität, die freien Tage oder Abende am Strand und die Arbeit auf romantischen Wanderpfaden.

„Deswegen bin ich immer noch hier", Sabina lacht wieder. „Wenn es diese Vorzüge nicht gäbe, hätte mich die andere Seite längst abgeschreckt." Die andere Seite sind ein kaum funktionierendes Internet und damit kaum Kontakt zur Familie in Deutschland. Die beengte Inselgesellschaft, in der jeder jeden kennt und reichlich Intrigen und Heuchelei gedeihen. Die Aussicht, langfristig in einem winzigen Zimmer zu hausen, findet Sabina am schlimmsten. Die Regierung kündige zwar immer wieder an, neue Baugrundstücke auszuweisen, aber bislang sei nichts passiert. Auf der Warteliste stünden derweil mehr als 400 Familien. „Komm dir unser Heim doch mal ansehen!", sagt sie, bevor sie zu Mann und Tochter in einen schon etwas angejahrten Strandbuggy steigt: „Ich bin nachmittags zuhause."

Ich wandere erst einmal über Felsen zur nächsten Bucht und genieße den freien Tag. Weiße Schäfchenwolken schweben faul am blauen Himmel und stören sich nicht an den schroffen Lavafelsen, die in Rostbraun, Grauviolett und Silberblau daran erinnern, wie vor mehr als zwölf Millionen Jahren ein Vulkan das Eiland aus dem Wasser gespuckt hat. Das Wasser ist kristallklar, und die Farben leuchten wie im Traum. Weiße Gischt sprüht auf den feinen Sand, der an manchen Stellen rosa schimmert. In kleinen Felsbecken krabbeln Krebse, tummeln sich winzige Fische. Diese Ruhe würde ich gern mit nach Hause nehmen, wo jetzt vermutlich die ganze Insel im frenetischen Partyrhythmus vibriert. Hier gibt es pro Strand ein bis zwei Bars statt zwei Dutzend, und wenn in ihnen überhaupt Musik läuft, höre ich sanften Brasilpop, Lounge oder sogar Jazzmelodien.

Nach einem köstlichen Fisch in Kokossauce reiße ich mich los und gehe mir die andere Seite der Insel ansehen. Laut Sabina soll es auf der Paradiesinsel sogar Slums geben. Vorbei am Schildkrötenschutzzentrum Tamar führt eine löcherige Straße zu Wellblechbauten, die von den Amerikanern im Zweiten Weltkrieg als Behelfsunterkünfte eingerichtet wurden. Seitdem haben sich Pflanzen durch die Baracken gerankt, und fallende Äste haben Löcher hineingeschlagen. Eine Frau fegt gerade vor ihrer Tür, und ich spreche sie an. Erzähle, dass ich Journalistin bin und nicht nur die Sonnenseite der Insel kennenlernen möchte. Antonia lädt mich auf einen Kaffee ein und fängt an zu erzählen. Seit einem Jahrzehnt schon wohnt sie mit ihrem Mann hier auf vielleicht sechs Quadratmetern und wartet darauf, ein Grundstück zugewiesen zu bekommen. Zeit genug, um den Fußboden mit weißen Fliesen auszulegen, Gardinen vor die Fenster zu hängen und das Eisendach hinter einer Verkleidung zu verstecken. Aber Slum bleibt Slum. Halb wütend, halb beschämt berichtet Antonia: „Im Winter bekommen wir durch die nassen Dächer Elektroschocks, und im Sommer gibt es immer wieder Brände, weil die Stromkabel so alt und brüchig sind." Mit Tränen in den Augen bittet sie mich: „Aber schreib meinen Nachnamen nicht in deinen Bericht, wenn den die Offiziellen hier lesen, bekomme ich nie mein Haus!" Dann muss sie ihre Enkelin aus der Krippe abholen, und ich mache mich auf den Weg zu Sabina.

Sie lebt in einer ruhigen Seitenstraße in einem großen Haus mit umlaufender Veranda. Zum Glück, denn die Terrasse ergänzt die wenigen Quadratmeter Lebens- und Stauraum, den sie gemietet hat. Im Rest des Hauses wohnen die Besitzer und eine weitere Familie, Küche und Bad müssen sich alle teilen. Wie mag es sein, so eng mit fremden Menschen zusammenzuleben? So ähnlich wie in einer WG, nur dass man sich die anderen WG-Mitglieder nicht aussuchen kann? Sabina winkt ab: „Ich erspare dir Details! Es wäre jedenfalls besser auszuhalten, wenn ich wüsste, dass ein Ende absehbar ist!"

Dann kommt ihr Mann mit der kleinen Tochter, und Sabina lädt mich zum Sonnenuntergang-Gucken ein. „Aber nicht mit den Touristen!“ Die Einheimischen gehen zum Hafen, erklärt sie. Auf dem Weg dorthin wirbelt der warme Wind unsere Haare durcheinander, und der Himmel färbt sich schon in Pastellfarben. Am Hafen landen die Touristen nur zu den Abfahrtszeiten der Ausflugsboote, deswegen haben wir die Strandkneipe für uns allein. Sie ist ein einfacher, mit Planen geschützter Unterstand, unser Tisch aus einer großen Kabeltrommel improvisiert. Sabinas Mann bestellt für alle kleine Portionen Pommes und Fischbällchen, Krebsfleisch und gebratenen Fisch. Möwen kreischen fröhlich und lassen sich vom Wind davontragen, und die Sonne verschwindet wie immer viel zu schnell im Meer. Ein eigenes Haus auf dieser Insel zu haben, das wäre wirklich das Paradies.

Februar

Die Nachbarn mit ihrem Matratzenlager sind immer noch da, als ich von Noronha zurückkomme. Doch ich meistere den Wechsel von absoluter Ruhe zu lärmender Ferienstimmung erstaunlich gelassen. Als hätte ich auf Noronha verinnerlicht, was ich irgendwo einmal gelesen habe: dass es immer möglich ist, die Stille hinter dem Lärm zu entdecken. Gerade schaukele ich auf meiner Terrasse in der Hängematte, da kommt vom Ende der Straße Polho angerannt. Er trägt ein seltsames Bündel unter dem Arm und strahlt übers ganze Gesicht. Das Bündel ist ein kleiner, braunweiß gefleckter Hund. „Den habe ich geschenkt bekommen", sagt mein Freund stolz und hält mir das Tier hin. Ich streiche über das samtige Fell: „Wie heißt er denn?" „Rocco", sagt Polho. „Gefällt er dir?" Irgendetwas an seinem Ton lässt mich aufhorchen. Und tatsächlich: Als ich bejahe, erklärt mir Polho, dass er gedacht habe, Rocco könne doch bei mir wohnen, weil bei ihm so viel Besuch sei. Er habe auch einen Karton besorgt, in dem Rocco schlafen könne, und er würde sich ganz allein um ihn kümmern, ich hätte ganz bestimmt keine Arbeit mit dem Tier. Das klingt mir verdächtig danach, als habe er das gleiche Gespräch schon mit seiner Tante geführt.

Erst will ich ablehnen, dann besinne ich mich auf meine neue Gelassenheit. Mein kleiner Nachbar ist sowieso jeden Tag bei mir, und seine Gegenwart stört mich kein bisschen. So zuverlässig, wie er meine Blumen immer gießt, wird er sich bestimmt auch um den Hund kümmern. Also, warum eigentlich nicht. „Gut", sage ich, „wenn du wirklich immer für ihn sorgst!" Vor Freude macht der Junge samt Hund ein paar Luftsprünge, drückt mir das Fellbündel in die Hand und rennt los: „Ich hol gleich seine Sachen!“ Zurück kommt er mit einem großen Karton, der mit ein paar alten T-Shirts ausgepolstert ist und mit zwei Margarineschachteln ausgestattet: eine für das Futter, eine für Wasser.

Großzügig hat Polho die Hälfte seines Mittagessens für den Kleinen reserviert. Ich gebe ihm Mineralwasser zu trinken. In den regenfreien Sommermonaten wächst die Inselbevölkerung schneller an, als das Wasser aus dem Dorfbrunnen gepumpt werden kann. Allein bei uns in der Straße kommen mindestens dreißig Personen zusammen: die Grillfreunde im Rohbau nebenan, der jugendliche Besuch bei Polho und zwei Familien auf Sommerurlaub bei Vera und Cacau. In einem sonst leer stehenden Ferienhaus gegenüber von Dicos Hütte feiert außerdem eine ganze Horde Jugendlicher Dauerpartys und legt an besonders heißen Tagen einfach einen Wasserschlauch aufs Flachdach, um mit dem ganztägig rieselnden Wasser Kühlung zu schaffen. Sofern Wasser vorhanden ist. Neuerdings tröpfelt es meistens nur zögerlich aus der Leitung. An manchen Tagen nicht einmal das. Der Besitzer meines Hauses hatte mir schon beim Einzug einen Brunnen im Garten gezeigt; so breit wie ein Abflussrohr und mit einer sehr zuverlässigen Pumpe ausgerüstet. Das Brunnenwasser ist leicht gelblich und trüb, aber zum Blumengießen reicht es. Dem kleinen Rocco will ich es als Trinkwasser lieber nicht zumuten.

Während ich ihm sein Schälchen hinstelle, kreischen fröhlich Kinder mehrstimmig vor meinem Haus: „Cristina!“ Außer Polho und seinem Bruder kenne ich hier keine Kinder. Wer mag das sein? „Immer mit der Ruhe, einer nach dem anderen“, höre ich jetzt eine tiefere Stimme, und Polho ruft „Edson!“ Da erkenne ich den Cousin in der lärmenden Menge. Edson lächelt entschuldigend und erklärt: „Bei uns ist das ganze

Haus voller Besuch, und nach dem Strand muss man den Kindern doch wenigstens das Salz abwaschen. Wir haben seit drei Tagen kein Wasser, da habe ich an deinen Brunnen gedacht ...“ Meine gelbe Brühe als Kinderdusche? Ob das gesund ist? Edson wischt alle Bedenken mit einer großzügigen Handbewegung weg: „Da musst du dir keine Sorgen machen, wo die Kinder wohnen, gibt es auch kein besseres Wasser.“ Also gut, ich stelle die Pumpe an und übergebe Edson den Schlauch. Prustend und kichernd lässt sich die Rasselbande von ihm abspritzen, wer fertig ist, stellt sich gleich wieder hinten in der Schlange an, Polho natürlich mittendrin. Als er zum zweiten Mal unter dem nassen Strahl jauchzt, ziehe ich mir kurzerhand meinen Bikini an und mache auch mit: Ausschlag werde ich schon keinen bekommen.

Meine Gäste bedanken sich nach dem Duschfest ausgiebig bei mir. Bereits im Gehen fragt Edson mich am Gartentor: „Hast du dir eigentlich schon überlegt, an welchen Tagen du zum Karneval gehst? Wir könnten zusammen losziehen!“ Karneval war für mich bisher vor allem der Wendepunkt, nach dem die Insel endlich wieder uns Bewohnern gehören würde. Immerhin beginnt nach Karneval die Schule, fangen Gerichte und Politiker wieder an zu arbeiten, als komme das Land aus den Sommerferien zurück. Edsons Frage erinnert mich daran, dass Karneval außerdem das größte Volksfest Brasiliens ist. Davon kenne ich bisher nicht viel mehr als die weltweit bekannten Klischees der Schönheiten in Glitzerbikinis aus Rio, die mit ihrem riesigen Federschmuck im TV beim Sambatanzen gezeigt werden. Ob der Karneval in Recife so ähnlich ist? „Viel besser!“, sagt Edson. „Hier feiern alle mit: Indios, Schwarze, Senioren, jede Gruppe hat einen eigenen Bloco! Und erst der Frevo, ein Rhythmus, den es nur hier in Pernambuco gibt, den musst du unbedingt kennenlernen!“

Edson schlägt vor, gleich am Karnevalssamstag loszuziehen, wenn „der größte Umzug der Welt" stattfindet, wie er sagt. Vom „Galo da Madrugada" hatte ich sogar schon gehört, nur nie verstanden, was mit dem „Morgenhahn" gemeint ist. Edson erklärt es mir: Der Galo, wie er hier genannt wird, wurde vor Jahren von einer Handvoll Trunkenbolden erfunden, die nach einer durchgefeierten Nacht spontan eine Karnevalsgruppe gründen wollten. Fröhlich lärmend und tanzend zogen sie früh morgens durch die Straßen von Recife und weckten die Bevölkerung – beschweren konnte sich ja niemand, schließlich war Karneval. Inzwischen sollen jedes Jahr mehr als eine Million Menschen dem Zug folgen; schon Tage vorher schwimmt ein überdimensionierter Hahn aus Stoff und Draht auf dem Capibaribe-Fluss im Stadtzentrum. „Ich hole dich morgens um sieben ab", sagt Edson. „Und zieh dir Turnschuhe an!" Dann zerren ihn die ungeduldigen Kinder weiter. Ich bleibe mit Polho zurück und frage mich, wieso ich bei dem heißen Wetter zum Karneval Turnschuhe anziehen soll.

Am Samstag kommt Edson pünktlich um sieben. Er hat sich bunte Schleifchen in die schon wieder nachgewachsenen krausen Haare gebunden, die Nase rot angemalt und trägt weite Pluderhosen. Dagegen komme ich mir ziemlich nüchtern vor. Kaum sitzen wir im Bus, schießt ein Wasserstrahl haarscharf an meinem Kopf vorbei. Edson kichert. Dann erzählt er mir, dass der Karneval zu Kolonialzeiten als wüstes Straßenspektakel angefangen hat, bei dem die Sklaven die Kleider von sich rissen und mit Gossendreck um sich warfen. Und die Straßenjungs von Recife, sagt er, hielten eben die Tradition hoch: „Sie ziehen Abwasser auf Einwegspritzen und zielen damit durch die geöffneten Busfenster." Mit uns ist eine Gruppe junger Karnevalsfreudiger unterwegs, die biertrinkend unablässig die Hymne des Umzugs singen: „Vem pessoal, vem moçada, Carnaval começa no Galo da Madrugada – Kommt Leute, kommt Mädels, im Galo fängt der Karneval an!" Der Text ist so simpel, dass sogar ich ihn auswendig kann, als wir in Recife ankommen.

Treffpunkt für den Galo ist der Patio de São Pedro mitten in der Stadt. Wochentags treffen sich hier die Angestellten auf ein Feierabendbier in den vielen kleinen Bars rund um den gepflasterten Platz. Wenn ich mit meinen Einkäufen spät dran bin, mache ich auch gerne am Patio Halt. Kinder in verwaschenen Shorts umkreisen dann die Bartische und bieten frisch gebratene Shrimps, Pommes oder Fleischspießchen an. Die gäbe es zum dreifachen Preis auch aus der Kneipenküche, großzügig lassen die Kellner die freien Händler trotzdem gewähren. Wenn die Geschäfte schließen und der Lärm abebbt, wird es auf dem Patio de São Pedro ganz friedlich. An diesem Morgen ist es ebenfalls still. Die Kirche ist in blasses Frühmorgenlicht getaucht, ein Lufthauch lässt Papiergirlanden tanzen, mit denen sich der Platz und die Barockkirche schmücken. Ein übermüdeter Kellner wischt Bierlachen auf den Tischen hin und her, vereinzelte Gäste hocken windschief da, als seien sie von der letzten Party übriggeblieben. Gut möglich, dass sie wirklich die Nacht durchgemacht haben.

Es ist neun Uhr morgens, und Edson, den ich vorher noch nie Alkohol trinken gesehen habe, bestimmt, den Galo müsse man mit einem Frühstücksbier beginnen. Mir schmeckt das Bier reichlich bitter, außerdem wird mein Hirn dadurch ungewohnt watteweich. Langsam ziehen die ersten Gruppen Kostümierter über das Kopfsteinpflaster: Eine Familie trägt Ringelshirts in Neongrün und Gelb, eine Gruppe Ärzte kommt in weißen Kitteln und einem sicher mit Hochprozentigem gefüllten Tropf zum Treffpunkt. Hexen mit spitzen Hüten und violetten Umhängen sind unterwegs und leuchtend grüne Ninja Turtles, die sich ihre Farbe direkt auf die Haut gemalt haben. Und sie tanzen. Obwohl noch keine Musik spielt. Den Frevo haben die Pernambucaner anscheinend auch so im Blut. Von seinem schnellen Rhythmus lassen sie sich zu wilden Sprüngen anfeuern, dazu wirbeln manche leichte Sonnenschirmchen in den Farben Gelb, Grün und Rot durch die Tropenluft. Obwohl ich noch keinen Tanzschritt getan habe, klebt mein T-Shirt jetzt schon am Körper, und meine Füße schwitzen wie befürchtet in den Turnschuhen. Plötzlich explodiert fast mein Trommelfell, und der Boden zittert, als gehe gleich die Welt unter. Schüsse aus Kanonen und Gewehren verschmelzen mit einem vielstimmigen Freudenschrei: Es ist Karneval.

Augenblicklich blasen Trompeter und Posaunisten die Melodie der Hymne, und die Wartenden springen von ihren Stühlen auf und tanzen hinter den Musikern her – der Morgenhahn setzt sich in Bewegung. Es sind Junge und Alte, Schwarze, Braune und Weiße, vereint in der Galo-Euphorie, als gäbe es weder Rassismus noch Armut. Noch traue ich mich nicht, den Tanz auszuprobieren, bei dem die Tänzer ihre Beine so seltsam verdrehen, aus Sprüngen in der Hocke landen und dabei auch noch mit ihrem Schirmchen jonglieren. Frevo existiert nur im Bundesstaat Pernambuco, vor allem in Recife, und vor allem im Karneval. Ich habe die Musik im Dezember zum ersten Mal gehört, als die lokalen Radiosender anfingen, immer seltener Samba, Forró und den üblichen Pop zu spielen. Die Pernambucaner sind wieder stolz auf ihren Frevo – vor ein paar Jahren hatten ihn die Axe-Rhythmen aus Salvador da Bahia so weit verdrängt, dass die Stadtverwaltung die fremde Musik verbieten musste, um sein Aussterben zu verhindern.

Auch uns hat der Tausendfüßler mitgerissen. Meine noch nicht ganz geleerte Bierdose habe ich unterwegs längst verloren. Edson fasst fest meine Hand, damit ich nicht vollends davontreibe – was in dem Getümmel leicht passieren könnte. Jetzt verstehe ich auch, warum er mir zu Turnschuhen geraten hat: Wir treten in leere Dosen, in Bierpfützen und anderen Unrat, dessen Herkunft ich lieber nicht enträtsele. Hoch oben auf der Ladefläche der Lastwagen vor uns wirbeln Tänzerinnen in kurzen, weiten Röcken auf so akrobatische Weise, dass jedes Aerobic daneben lächerlich wirken würde. Die Musik-Lastwagen drängen sich durch die Menge, und Blaskapellen schmettern in endloser Wiederholung die Karnevalshymne. Ich laufe im Rhythmus und singe lauthals mit, bis irgendwann auch meine Beine dem Frevo erliegen und von allein anfangen, zu hüpfen, zu springen und zu tanzen. Sind das Edsons Hände, die sich von hinten um meine Hüften legen und mich in einen noch wilderen Rhythmus schwenken? Als ich mich umdrehe, blicke ich in das lachende Gesicht eines Fremden. Edson tanzt ein paar Meter weiter mit einer üppigen Schönheit mit blonder Perücke. Es gibt kein Zurück, kein Voraus und kein Zur-Seite mehr. Wie ein besoffener Wurm schiebt sich der Galo durch die Straßen, über die Ponte da Boa Vista, die unter den Tausenden Frevo-Schritten bebt, bis in die Viertel am anderen Ufer des Rio Beberibe, wo sich noch Nachzügler einreihen. Musik und vielstimmiges Lachen vermischen sich in meinem Kopf zu einem neuen Sound. Und die Sonne brennt so heiß, dass ich Lust auf ein weiteres Bier bekomme. Schon spuckt der Galo uns an den Straßenrand, wo ein Junge zwischen Eisstücken eine Dose aus einem Styroporkasten für mich herausfischt. Meine Füße gehorchen weiter dem Rhythmus, als plötzlich kühle Tropfen auf meinen heißen Schädel platschen: Es regnet. Der Tänzer neben uns färbt alle Umstehenden mit seinem verlaufenden Ninja-Grün, Frisuren lösen sich auf, und T-Shirts kleben an den Körpern. Kleine Bierverkäufer tanzen um ihre Kühlboxen, halten Bruchteile von Sekunden inne, um eine Dose herauszuholen und sich zerfledderte Real-Scheine in den Turnschuh zu stopfen. Da es keine Toiletten gibt, bleiben Männer wie von ungefähr an Straßenecken stehen und erleichtern sich, obwohl darauf hohe Strafen stehen. Und ich bin wieder froh, dass ich meine Turnschuhe anhabe.

„Kannst du noch?“, fragt Edson, als die Sonne allmählich wieder schwächer wird und die wilde Masse beginnt, sich zu lichten. „Nach dem Galo geht die Feier in Olinda weiter, kommst du mit?“ Ich nicke; ja, ich fahre mit. Obwohl ich eigentlich Hunger habe und meine Füße schmerzen, sobald sie aufhören zu tanzen. Zu verführerisch ist die Vorstellung von Olinda im Sonnenuntergang voller fröhlicher Menschen. Alkoholisierte Autofahrer sind die größte Gefahr im Karneval, deswegen hat die Stadtverwaltung einen Shuttledienst eingerichtet, damit sich die Betrunkenen nicht selbst ans Steuer wagen. Wir stellen uns in die Schlange, und ich besänftige meinen knurrenden Magen mit einem Stück Käse am Spieß. Der Verkäufer wälzt den Käse erst in Oregano, dann röstet er ihn über einem tragbaren Grill: eine leere Farbdose, in die er Luftlöcher gebohrt hat und die er an einem Draht herumschwenkt, um das Feuer anzufachen.

In Olinda hält der Bus am Rand der Altstadt, die komplett für den Autoverkehr gesperrt ist. Im Karneval feiern alle 250 000 Einwohner, dazu kommen mindestens doppelt so viele Besucher – für Autos bleibt da wenig Platz. Mitten auf der Rua Santo Amparo liegt ein Mann und schläft seinen Rausch aus, ungestört von den dröhnenden Lautsprechern, unbehelligt von den tanzenden Füßen.

Die letzten Sonnenstrahlen lassen die in Mintgrün, Bonbonrosa und Azurblau gestrichenen Fassaden der Kolonialhäuser leuchten. Dazwischen tanzen die Menschen, genau wie in Recife, nur dass hier wirklich alle verkleidet sind. Eine Horde trägt T-Shirts mit der Aufschrift „Jungfrauenjäger“ und schleppt ein massives Holzbett durch die Menge. Damit verfolgen sie einzelne Damen und versuchen mit frechen Sprüchen, die Auserwählte auf die Matratze zu locken. Gleich daneben schreckt die Gruppe der Despertadoras, der „Wecker", mit schrillem Lärm alle Tanzfaulen auf. Andere gehen einfach als rosarote Panther oder knallrote Marienkäfer – fast alle Kostüme sind selbst genäht. Während ich noch gucke und staune, ducken sich neben mir zwei Frauen kreischend unter einem Objekt weg, das über unsere Köpfe hinwegzischt. Es ist ein gigantischer Penis, den jemand an einem Gummiband kreisen lässt. Mir wird fast schwindelig, und ich bitte Edson um eine kurze Pause. „Kein Problem", sagt er, „Freunde von mir haben hier um die Ecke ein Haus gemietet, da können wir uns ausruhen." Er nimmt mich wieder fest an die Hand und zieht mich zielstrebig hügelaufwärts. Unterwegs kaufen wir Grillspieße und frittierte Teigtaschen zur Stärkung. Als wir am Haus der Freunde ankommen, verwehrt uns ein Portier den Eintritt in das zweistöckige Gebäude. Ich bin enttäuscht. „Stell dir vor, wie es drinnen aussehen würde, wenn jeder hinein könnte", gibt Edson zu bedenken und bittet den Mann, nach seinem Freund Márcio zu rufen. Nach endlosen Minuten kommt ein müde aussehender langmähniger Mann aus dem Dunkel angeschlurft und überreicht uns zwei rote Plastikausweise zum Umhängen: die Eintrittskarten für die Gäste.

Drinnen herrscht Halbdunkel. Als meine Augen sich daran gewöhnt haben, erkenne ich, dass der Boden mit unzähligen Matratzen ausgelegt ist, auf denen Dutzende mehr oder weniger lädierte Gestalten lagern. „Ich glaube, es sind um die dreißig Leute, die sich das Haus teilen", erklärt mir Edson und geht eine steile Treppe hinauf. Dort weht ein frischer Luftzug von der Balkontür. Im Schatten in der frischen Brise stehen, tief Luft holen dürfen, mehr hätte ich mir nicht wünschen können. Als Edson mir sogar noch einen Hocker besorgt, throne ich zufrieden über der Menge, lasse die bunt Kostümierten an mir vorbeiziehen, und gucke den Frevo-Gruppen mit ihren Posaunen und Trompeten zu, die mit den Lautsprechern an den Häusern um die Wette scheppern. Den Bierverkäuferinnen schmilzt das Kühleis in ihren Styroporboxen davon, und der Rasta an der Straßenbar mixt zwei Drinks gleichzeitig. „Oí linda Loira – Hallo du schöne Blonde", winkt ein Tänzer aus der Menge zu mir hoch. „Vem dançar – Komm doch tanzen", lockt ein anderer. Edson schüttelt neben mir den Kopf und deutet grinsend auf sich: als sei er der einzige, der mit mir tanzen dürfe.

Plötzlich überragt ein meterhoher, schnurrbärtiger Herr im schwarzen Smoking aus Pappmaché die Tanzenden. „Das ist der Mitternachtsmann", ruft Edson. „Es gibt mehr als siebzig von diesen Bonecos aus Pappmaché und Styropor, sie sind allesamt Berühmtheiten nachgebildet. Manche sagen, der Mitternachtsmann sei von einem Kinofilm namens ‚Der Mitternachtsdieb' inspiriert – jedenfalls ist er mit über siebzig Jahren eine der ältesten Puppen." Nach dem ehrenwerten Herrn folgen der Ex-Präsident Lula mit seinem Rauschebart und schließlich sogar Michael Jackson. Mit weißer Mähne präsentiert sich die Puppe des Schnulzensängers Reginaldo Rossi. Mir fällt eines seiner Lieder ein, dessen Refrain lautet: „Der Karneval von Olinda ist der beste der Welt, er ist einfach sensationell." Stimmt eindeutig. Nur bin ich allmählich so müde, dass ich dringend nach Hause muss, wenn ich überhaupt noch bis dorthin gelangen möchte. Wie viele Tage dauert der Karneval nochmal? Ich fürchte, ich schaffe nicht mehr als diesen einen.

An den Heimweg kann ich mich nicht mehr erinnern, aber offenbar habe ich es bis nach Hause geschafft, denn ich erwache in meinem eigenen Bett. Weder das Live-Konzert am Platz noch die Beschallung durch meine Nachbarn haben mich vom Schlaf abgehalten. Jetzt ist es elf Uhr, und der kleine Rocco fiept kläglich auf meiner Terrasse. Außerdem brennt die Sonne so heiß auf die dünne Wellpappe auf meinem Dach, dass es im Bett ohnehin nicht mehr auszuhalten ist. Also wälze ich mich aus dem Bett, biete dem kleinen Hund ein bisschen Wasser und eine Banane an, mixe mir selbst einen Graviolasaft und suche im Kühlschrank nach Essbarem für uns beide. Polho steht ausgerechnet heute nicht vor meinem Gartentor, um seinen Hund zu versorgen. Da klingelt mein Telefon. Adriana will wissen, warum ich nicht beim Karneval bin. Sie habe gestern den ganzen Tag beim Galo mitgetanzt und sei dann noch in Olinda gewesen. „Ich auch", sage ich, „und ich glaube, das reicht mir für dieses Mal." Geht nicht, findet Adriana. Ich müsse unbedingt mindestens noch zur Nacht der schweigenden Trommeln kommen. Dabei treffen sich Vertreter der Candomblé-Tempel der ganzen Umgegend in einer schmalen Seitengasse in der Altstadt, an deren Ende eine kleine Kapelle steht, die früher Schwarzen vorbehalten war. Schwarze durften nicht dieselben Kirchen besuchen wie die Weißen, deswegen tragen manche bis heute Namen, die auf „dos pretos" enden, „der Schwarzen". Die Afoxé-Gruppen der afro-brasilianischen Religion tanzen und trommeln die ganze Nacht um die Wette, sagt Adriana, und um Punkt Mitternacht ist alles still. Das klingt ja doch sehr verführerisch. Ich überlege: Die Trommelnacht ist erst am Dienstag, mir bleiben drei Tage zum Ausruhen. Also gut, abgemacht.

Am Dienstagabend hole ich Adriana ab. Wir lassen uns einfach durch die Straßen treiben, bis wir auf der Avenida Guararapes anhalten: Mehrere Gruppen Indigener mit Flöten und Federschmuck tanzen mit fließenden Bewegungen einen Gruß aus einer vollkommen anderen Welt. Caboclinhos heißen die Gruppen, sagt Adriana, das ist die Verniedlichungsform für Caboclos, Nachkommen von Weißen und Indios. Am Patio de São Pedro ist eine Bühne aufgebaut, dort spielt gerade ein stämmiger Mann auf einer rustikalen, seltsam heiser klingenden Geige. Adriana läuft voran und führt mich in enge, dunkle Gassen, die ich nie zuvor betreten habe. Heute sind massenweise Menschen unterwegs. Und alle haben offenbar dasselbe Ziel: den Pátio do Terço. Vor der Kirche Rosário dos Pretos sind auf beiden Seiten Tribünen für Ehrengäste aufgebaut, ansonsten drängen sich die Zuschauer einfach am Straßenrand. Die Prozession ist bereits im vollen Gang. Mehr als ein Dutzend Afoxé-Gruppen werden sich einer Jury aus Candomblé-Priestern und Kulturbeauftragten präsentieren.

Jede Gruppe besteht aus kostümierten Tänzern und Tänzerinnen und einer Rhythmusabteilung aus Trommeln, Rasseln und einem Agogô, einem Perkussionsinstrument aus Metall. Sie singen die Lieder der Götter des Candomblé – in der westafrikanischen Sprache Yorubá, deren Klang mir bereits ein wenig vertraut in den Ohren klingt. Voran tanzt eine Art Königspaar, über das ein Page einen Baldachin hält. Gefolgt wird ihnen von zahlreichen Frauen und Mädchen in prächtigen Röcken, die wohl den Hofstaat darstellen. Adriana weist mich darauf hin, dass die Gruppe vor uns die Farbe der Göttin Oxum trägt, ein leuchtendes Goldgelb. Weitere Erklärungen gibt es nicht, denn es ist viel zu laut, um sich zu unterhalten. So gebe ich mich einfach dem Gesang und den Rhythmen hin und beobachte fasziniert die Tänzerinnen, darunter kleine Mädchen, sicher nicht älter als fünf oder sechs, die ihre Rassel genau so energisch schütteln wie die Großen. Eines der Mädchen schaut dabei so entrückt, als sei es in Trance gefallen – vielleicht ist es das auch. Anstatt wie ein Karnevalsspektakel wirkt die ganze Szenerie auf mich mehr wie ein großer Freiluftgottesdienst, eine Reverenz an die afrikanischen Götter und an das Leid der Sklavenzeit. Wie zur Bestätigung verfällt neben mir eine magere alte Dame plötzlich in die Art von Zuckungen, die ankündigt, dass sich in ihr gleich eine der Gottheiten manifestieren wird. Werden jetzt die Gesänge immer durchdringender, der Rhythmus immer schneller, oder bilde ich mir das nur ein?

Es ist kurz vor Mitternacht, als ein Regenguss losbricht, der uns alle innerhalb von Sekunden bis auf die Haut durchnässt. Heute habe ich keine Turnschuhe an und stehe binnen Minuten in meinen Flipflops bis zu den Knöcheln im Regenwasser, das sich im Rinnstein zu einem reißenden Bach sammelt. Die Afoxé-Gruppen tanzen und singen ungerührt weiter. Adriana und ich blicken uns kurz an, und ich sehe das Einverständnis in ihren Augen: Natürlich bleiben wir! Nass sind wir ja ohnehin schon. Auch die anderen Zuschauer suchen nicht einmal nach einem Unterschlupf, sondern bleiben einfach mitten im Regen stehen. Dann schlägt es von der Kirche Mitternacht, und schlagartig verstummen die eben noch ohrenbetäubenden Trommeln. Es herrscht eine so gespannte Stille, als hielten alle Anwesenden den Atem an. „Brüder und Schwestern", beginnt eine betagte Candomblé-Priesterin ihre Rede, „wir wollen jetzt in der Stille allen unseren Brüdern und Schwestern gedenken, die hier in Sklaverei gelebt haben. Die Unrecht erdulden mussten, wie wir bis heute Unrecht erdulden." Die ehrwürdige Dame schweigt. Alle schweigen. Ich bekomme eine Gänsehaut. Nach scheinbar endlosen Minuten spricht sie weiter. Alles kann ich nicht verstehen, aber es geht um schwarzes Selbstbewusstsein, um Stolz und Freiheit. Ihre brüchige Stimme steigert sich, als sie eindringlich ruft: „Schwestern, hört endlich auf, eure krausen Haare glattzubügeln! Nehmt eure Schönheit so an, wie sie euch gegeben worden ist, anstatt Weiße zu imitieren!" Zustimmendes Klatschen und Jubeln aus der Menge antwortet ihr. Dann spricht sie ein Gebet in Yorubá, und die Trommeln haben wieder das Wort.

Adriana und mich reizt es nicht, nach diesem Erlebnis noch ein normales Konzert zu besuchen, so wandern wir ganz gemächlich durch die Straßen nach Hause. Es ist, als gingen wir wie in einem Schutzraum, weder Lärm noch Trubel kommen ganz an uns heran. Bevor ich einschlafe, denke ich an das Ritual, zu dem mich Papai eingeladen hatte. Ob ich es noch mache, bevor ich wieder aus Brasilien abreise?

März

Kaum ist Karneval vorbei, wird es auf der Insel leer. Der richtige Moment, die achtzig Quadratkilometer endlich wirklich kennenzulernen. Denke ich, aber dann durchkreuzt ein Anruf meine Pläne. Der Redakteur eines deutschen Monatsmagazins will wissen, ob ich kurzfristig für ein paar Tage nach Acre fahren kann. Acre liegt im Grenzgebiet zu Peru, verfügt über einige Reste Regenwald und ist nur dünn besiedelt. An manchen Flussufern soll dort wilder Kakao wachsen, der so exquisit ist, dass ein deutscher Schokoladenhersteller die komplette Ernte der Urwaldbohnen aufkauft. Jedes Jahr besucht der Unternehmer seine Lieferanten, und diesen Besuch soll ich begleiten. Die Geschichte klingt so abwegig, dass ich sofort zusage. Als ich nach Flugverbindungen in die abgelegene Gegend suche, stelle ich fest, dass die Reise zum Kakao länger dauern wird, als meine Anreise aus Deutschland – es sind mehr als 5000 Kilometer zurückzulegen. Die Entfernungen in Brasilien unterschätze ich immer noch. Immerhin werde ich auf dieser Reise endlich meine grünen Outdoorhosen einsetzen können, die ich mir in Deutschland extra für den Urwald gekauft hatte. Wanderschuhe oder gar Stiefel besitze ich nicht, also werde ich auch im Dschungel meinen Flipflops treu bleiben. Aber Mücken- und Sonnenschutz packe ich ein, und Polho drückt mir zum Abschied noch sein liebstes Baseballkäppi in die Hand: „Das kannst du mitnehmen."

Um den Flug zu erreichen, muss ich morgens um vier den ersten Bus nehmen. Fröstelnd stehe ich im Dunkeln am Straßenrand, bis er angerattert kommt: schon voller verschlafener Menschen, die zum Arbeiten in die Stadt fahren. Zum Glück ergattere ich einen der letzten Sitzplätze, wer danach zusteigt, schwankt die nächsten zwei Stunden an den Haltegriffen. Müde bin ich trotzdem noch, als ich zwei Busse und einen Zubringerflug später gegen Mittag endlich im Flugzeug nach Rio Branco sitze, der Hauptstadt des Bundesstaats Acre. Plötzlich höre ich eine Stimme neben mir fragen „Hello, are you Christine?“ Verwundert drehe ich mich um und sehe einen schmalen Mann mit markanter Nase, der mir seine Hand hinstreckt: „I am Paulo, the photographer!“ Paulos Englisch klingt so akzentfrei, wie ich es hier noch bei niemandem gehört habe. „Ich habe lange in New York gelebt“, erklärt er. Seit seiner Rückkehr wohne und arbeite er in São Paulo. Ob er mich an der Outdoorhose erkannt hat? Er trägt jedenfalls eine ganz ähnliche, die ebenfalls nagelneu aussieht. „Habe ich mir extra für die Tour gekauft“, kichert er. „Wer weiß, was uns da im Dschungel so erwartet.“ Paulo ist schon seit zwei Uhr morgens unterwegs, also verdösen wir den Rest des Flugs, anstatt uns weiter zu unterhalten.

Beim Aussteigen in Rio Branco schleppt Paulo zwei schwere Fototaschen und wirft sich außerdem einen extralangen Seesack über die Schulter: „Ich habe Stativ und Beleuchtung dabei, denn ich soll ja im dichten Wald ein Aufmacherfoto liefern.“ Am Ausgang wartet schon ein blasser Mann mit Bart auf uns: Rainer, der eine Initiative zur Rettung des Regenwalds leitet und den Kakao zuerst entdeckt hat. Mit ihm wartet Klaus, der Schokoladenfabrikant. Er ist ein hochgewachsener, hagerer Mann, dem die Verantwortung tiefe Furchen ins Gesicht gegraben hat. „Wir machen es wie in Brasilien und duzen uns“, schlägt Rainer vor. Scheint mir passend für die gemeinsame abenteuerliche Anreise, die uns erwartet. Laut Rainer erst sechs Stunden Autofahrt auf holprigen Pisten, dann eine Übernachtung in einem Örtchen am Fluss und schließlich noch einmal sechs Stunden mit dem Boot. Dann sind wir endlich beim Kakao. Rainer geht voran durch die belebte Abfertigungshalle bis zu einem Ausgang, wo ein etwas betagtes Taxi für uns reserviert ist. Paulo schaut etwas zweifelnd auf das Gefährt, bis Rainer so leise, dass der Fahrer ihn nicht hören kann, erklärt: „Wer einen neueren Wagen hat, macht die Touren an den Fluss nicht, die Straßen sind einfach zu schlecht."

Tatsächlich hüpfen wir die nächsten sechs Stunden auf der Rückbank nebeneinander bei jedem Schlagloch bis ans Autodach. Während ich mich darauf konzentriere, mein flaues Gefühl im Magen zu kontrollieren, erzählt Rainer mit seiner leisen Stimme, dass der Bundesstaat Acre fast halb so groß ist wie Deutschland und im Kautschukboom in der zweiten Hälfte des 19. Jahrhunderts von Gummizapfern aus Brasiliens Nordosten besiedelt wurde. Seit dem Verfall der Kautschukpreise lebt der Bundesstaat eher karg von anderen Waldprodukten wie Paranüssen und Andirobaöl. Dass der Wildkakao für Fremde interessant sein könnte, hatte niemand vermutet, bis Rainer ihn entdeckte. Das klingt wie ein Märchen, und vermutlich gucke ich etwas ungläubig. Rainer nickt mir jedenfalls mehrfach zu, als wolle er bestätigen, dass wirklich alles stimmt, was er weiter erzählt.

„Ich fahre einmal im Jahr durch das Amazonasgebiet zu verschiedenen indigenen Volksgruppen und in abgelegene Urwalddörfer", sagt er, „dort suche ich nach Schmuck und anderem Kunsthandwerk, das sich eventuell nach Deutschland verkaufen lässt – wir zahlen einen weit besseren Preis als die üblichen Zwischenhändler und unterstützen die Menschen außerdem bei vielen Projekten." Mehr durch Zufall nahm Rainer in einem Hinterhof ein paar trockene Bohnen in die Hand, zerrieb sie zwischen den Fingern und wunderte sich über den starken, würzigen Geruch. Roch wie Kakao. Er nahm vorsichtig einen Brösel davon in den Mund, kaute ihn: Er schmeckte auch wie Kakao.

„Davon gibt es Massen im Wald", sagte ihm der Hinterhofbesitzer. Die Pflanzen wüchsen dort von allein, niemand habe sie angepflanzt. „Wir essen sie gelegentlich oder machen auch mal Saft daraus, aber meistens werfen wir sie einfach weg." Was Rainer denn damit vorhabe, fragte der Mann nur mäßig interessiert. Das wusste Rainer zu dem Zeitpunkt selbst noch nicht, packte aber ein Säckchen der Bohnen ein, bevor er weiterfuhr.

In Deutschland suchte er nach einem Schokoladenhersteller, der irgendwie anders wäre als die anderen. Der sich für so eine besondere Ware interessieren könnte – und stieß auf Klaus, der Teilhaber einer kleinen Manufaktur ist. Klaus hatte noch nie vom Amazonaskakao gehört, war aber neugierig – und risikofreudig. Als Rainer ihm seinen Fund ins Büro brachte, roch Klaus an den Bohnen, biss darauf und urteilte: „Kleiner als üblich, aber sehr würzig und fruchtiger als alles, was wir bisher hatten!" Es folgten Verhandlungen über Kontinente und Kulturunterschiede hinweg, Berechnungen, Rezeptproben und noch mehr Berechnungen – und schließlich die Zusage, den gesamten Kakao aus den Flusswäldern zu kaufen. Seit 2008 gibt es in Deutschland die Schokoladensorte Amazonas Wild Cocoa, und Klaus und Rainer reisen einmal im Jahr gemeinsam in den Wald. Dabei sind der gesprächige Rainer und der verschlossene Klaus Freunde geworden. „Was wir schon miteinander erlebt haben", sagt Rainer und lächelt geheimnisvoll.

Es ist bereits dunkel, als wir in dem kleinen Flussstädtchen ankommen. Niedrige Häuser in kräftigen Farben reihen sich in den schmalen Straßen aneinander. Fast alle Wege führen zum Fluss, der wie ein breites dunkles Band durch die Nacht fließt. Übers Wasser kommen hier Lehrer und Ärzte,

Lebensmittellieferungen und die Kakaoernte. Der Acre-Fluss ist als Verkehrsader wesentlich wichtiger als die holperige Straße, über die wir angereist sind. Nachdem es eine Weile am Ufer entlanggefahren ist, biegt unser Taxi in eine Seitenstraße ein und hält mit einem Ruck an. Das schmale Haus vor uns unterscheidet sich von den anderen durch eine Glasfront, hinter der eine Rezeption erkennbar ist. Drinnen rattert ein betagter Ventilator gegen die Abendschwüle an. Unsere Reservierung kann der Mann hinterm Tresen nicht finden, aber schließlich verteilt er dennoch Meldezettel und Zimmerschlüssel. Nach der langen Reise will ich duschen und steige sofort die enge Treppe hinauf zu meinem Zimmer. Als ich die Tür öffne, stolpere ich fast aufs Bett, denn in dem winzigen Raum ist neben ihm kaum ein halber Meter Platz. Gut, dass ich nicht viel Gepäck dabei habe. Das Bad ist genauso knapp kalkuliert und riecht so streng nach Desinfektionsmittel, als gelte es, zahlreiche Urwaldinsekten fernzuhalten, die ich mir lieber nicht genauer ausmale. Dafür strömt reichlich warmes Wasser aus der Dusche. Erfrischt steige ich kurz darauf die Treppe wieder hinunter in den Empfangsraum, wo sich Rainer und Klaus mit einem Fremden unterhalten. „Das ist Alexandre“, stellt Rainer den Mann mit dem verträumten Blick vor, „er leitet hier die Kakaokooperative.“ Alexandre lächelt und erläutert: „In Wahrheit bin ich eine Art Übersetzer zwischen den Welten.“ Der Dreißigjährige hat in Brasilia Wirtschaft studiert und als Unternehmensberater gearbeitet, bevor es ihn in den Wald zog. Er weiß, was Unternehmer brauchen. Und er kennt inzwischen das Leben der Dschungelbewohner. „Wenn sie direkt mit Klaus verhandeln müssten, würde das nie klappen“, sagt er. „Sie sind es weder gewohnt, Forderungen zu stellen, noch Fristen einzuhalten.“ Klaus nickt zustimmend und ergänzt: „Das mit den Fristen ist jedes Mal ein Hasardspiel für uns, schließlich müssen wir den Platz auf den Frachtern im Voraus buchen – und dann hoffen, dass die Ernte auch wirklich eintrifft."

Als auch Paulo die Treppe hinuntergekommen ist, schlendern wir gemütlich zu Fuß los. „Zum besten Restaurant des Orts", sagt Alexandre mit einem feinen Lächeln. „Kenne ich schon", grinst Klaus, „da gibt es gut gekühltes Bier!" Angesichts der bescheidenen Pizzeria mit Plastikmöbeln und Werbekalendern an den Wänden stöhnt Paulo erst auf und wendet sich dann breit lächelnd zu mir: „So eine Urwaldpizza muss es für mich nicht gerade sein, hier direkt am Fluss muss es doch frischen Fisch geben!" Auf der Karte steht keiner, aber irgendwie schafft Paulo es tatsächlich, den Besitzer davon zu überzeugen, für uns einen Pirarucú zu braten, einen Süßwasserfisch mit festem Fleisch. Schmeckt köstlich! Die Einheimischen finden Pizza sicher trotzdem spannender, den Fisch können sie sich schließlich ebenso gut selbst aus dem Fluss angeln.

Nach dem Essen sitzen wir noch bei Bier und Kakaosaft zusammen, und allmählich scheint die Geschäftswelt von Klaus abzufallen. Hatte er während des Essens noch ernste Gespräche mit Alexandre über Fristen, Kakaomengen und -qualität geführt, gesteht er jetzt verlegen wie ein kleiner Junge, dass er einmal so richtig in den Urwald hineingehen möchte. Sehen, wie die wilden Kakaobäume dort wachsen. Am liebsten einen Baum finden, der sich unter der Last der goldgelben Schoten biegt. Bei seinen Besuchstagen sei bisher nie genug Zeit dafür gewesen. „Dieses Mal schaffen wir das", verspricht Alexandre. „Wir halten einfach auf dem Rückweg irgendwo am Waldrand an!" In diesem Moment tritt Paulo an den Tisch und stimmt ein: „Das wäre der perfekte Aufmacher!" Er sei schon mal fotografieren gegangen, erklärt er. Dabei hat er sich so unauffällig vom Tisch weggeschlichen, dass keiner von uns etwas gemerkt hat. Ähnlich unsichtbar bewegt er sich offenbar auch, wenn er mit der ganzen voluminösen Ausrüstung unterwegs ist: In der halben Stunde hat er üppig geschminkte Schönheiten im Billardsalon ebenso vor die Linse bekommen wie einen Fischer, der am Flussufer seinen Fang ausnimmt, und eine Herrenrunde beim Domino.

Am nächsten Morgen entdeckt er als Erster begeistert die reifen Früchte: Sie sind fast so groß wie Melonen und türmen sich goldgelb und orangerot auf langen, schmalen Holz- und Aluminiumbooten, die am gegenüberliegenden Flussufer vor Anker liegen. Oben auf den Haufen hocken in jedem Boot zwei Frauen: Eine schlägt mit einem exakten Machetenhieb die harte Schale auf, die andere klaubt mit geübtem Griff die Bohnen mitsamt dem klebrigen Fruchtfleisch aus der Schote und wirft sie zielsicher in einen Eimer. Das geht so flott wie am Fließband, und während Paulo ungeduldig von einem Fuß auf den anderen tritt, treibt Alexandre schnell ein leichtes Aluboot samt Führer auf. Der Fotograf springt so leichtfüßig an Bord, als gäbe es die Vierzig-Kilo-Ausrüstung nicht, die er sich auf Rücken und Hüften geschnallt hat. Ebenso geschickt entert er auf der anderen Seite eines der Kakaoboote und hat das erste Dutzend Bilder im Kasten, bevor er den arbeitenden Frauen freundlich „Guten Morgen" zuruft. Während ich mir von den beiden erzählen lasse, dass sie als Hausangestellte nur einen Bruchteil des gesetzlich vorgeschriebenen Mindestlohns verdienen und sich deswegen freigenommen haben, um sich bei der Ernte als Tagelöhner zu verpflichten, hat Paulo schon einen potenziellen Aufmacher komponiert und zwei Bootsführer als Beleuchter angelernt. Jetzt dirigiert er Klaus ins Bild: Der Unternehmer soll lässig über dem Kakao thronen, einen Fuß im Kakao, den anderen elegant auf der Reling abgestützt. Das Boot schwankt, Klaus balanciert, die Beleuchter vergessen, das Licht anzuschalten, und Paulo rinnen Schweißbäche über die von der

Sonne gerötete Stirn. Noch einmal, bittet er alle Beteiligten freundlich. Und noch einmal. Erst nach einer guten halben Stunde bricht er den Versuch ab – weil das Boot fertig zur Überfahrt ist. „Morgen fahren wir zu den Flussanwohnern", beruhigt Alexandre ihn, „da bekommst du deinen Aufmacher bestimmt!"

Die Sonne verfärbt den mit Wolken verhangenen Abendhimmel dramatisch, und am liebsten würde ich jetzt sofort den Fluss hinauffahren. Als ich das eher im Scherz ausspreche, bekräftigt Alexandre: „Mach das doch! Das ist für deine Reportage sicher ein Gewinn!" Dann geht er mit mir in einen Chinaladen, wo es billige Taschenlampen gibt, in einen weiteren, wo ich eine Hängematte erstehe, und in einen dritten, in dem er mir ein speziell für den Gebrauch mit Hängematten angefertigtes Moskitonetz aussucht. So ein Netz habe ich noch nie gesehen, die Sorte gibt es vermutlich nur im Urwald, wo die Menschen statt in Betten in Hängematten schlafen. Dasselbe Aluboot, mit dem wir eben übergesetzt haben, soll mich ins Dorf bringen. „Es sind nur vier Stunden Fahrt, wenn du allein drin sitzt", sagt Alexandre. Trotz meiner Begeisterung ist mir etwas mulmig: Schließlich dämmert es schon. Ich fahre in ein Dorf, in dem ich niemanden kenne. Und dort gibt es kein Telefon, also kann Alexandre mich nicht ankündigen. „Macht nichts", sagt er, „dort sind sie auf Besuch eingerichtet." Schließlich steige ich in das wackelige Boot, schließe meine Regenjacke fester und winke den Männern zum Abschied zu. Als der Motor schon tuckernd angelaufen ist, reicht mir Alexandre eine Mineralwasserflasche mit einer gelblichen Flüssigkeit. „Andirobaöl", sagt er, „das ist der beste Mückenschutz."

Dann zieht das Boot eine schnurgerade Spur ins dunkle Wasser, und die Häuser werden hinter mir immer kleiner. Im letzten Abendlicht scheinen die hellen Stämme der Baumriesen am Ufer zu leuchten. Der Wald ist immer wieder unterbrochen von ausgedehnten Weideflächen, auf denen Rinder grasen. Plötzlich macht das Boot einen Schlenker, der mich fast aus dem Gleichgewicht bringt. Ronaldo steuert uns in der schnell fortschreitenden Dämmerung rasant an unzähligen schwimmenden Baumstämmen vorbei. „Ich bin die Strecke schon oft im Dunkeln gefahren", versucht er mich zu beruhigen. Vorsichtshalber klammere ich mich an meinem Sitz fest, während er weiter sein Wettrennen gegen den Sonnenuntergang fährt. Der Fahrtwind ist so kalt, dass ich mir meinen Extra-Pulli um Hals und Kopf wickele und mir erste Zweifel kommen, ob die Idee mit der Übernachtung im Dorf wirklich so gut war. Die anderen sitzen jetzt vermutlich in der erleuchteten Pizzeria, und ich rase mit einem Fremden durch die kalte Nacht. Als Ronaldo endlich an einem wackeligen Bootssteg anlegt, ist die Sonne vollständig untergegangen, und ich erkenne weder Bootssteg noch Häuser. Mitten im Dunkel leuchtet allein eine hölzerne Veranda im Schein einer flackernden Kerze.

Ronaldo reicht mir galant die Hand beim Aussteigen, aber mein Fuß rutscht trotzdem vom Bootssteg ab und landet im warmen Wasser. Der Bootsmann geht zügig voran in Richtung der erhellten Terrasse. Ich erkenne, dass sie Teil eines langgezogenen Holzhauses ist. Wir erklimmen eine Leiter, und Ronaldo verschwindet sofort im Hausinneren, ohne mich auch nur vorzustellen. Zwei Frauen und mehrere Kinder betrachten mich neugierig. Dann erscheint mein Begleiter wieder, jetzt mit einer Dose Bier in der Hand, und erklärt, ich sei mit dem „Patrão" gekommen, dem großen Chef. Das ganze Dorf würde ich ins Fernsehen bringen. „Zeitung", berichtige ich, während ich klatschend versuche, die Scharen von Mücken abzuwehren, die mich gierig surrend anfliegen. Eine der Frauen drückt mir einen Stofflappen in die Hand und bedeutet mir, die Insekten damit wegzuwedeln. Beim Wedeln fällt mir ein, dass ich das Andirobaöl im Boot vergessen habe.

Nachdem sie mich gefragt haben, wo ich herkomme und wie lange ich bleibe, wenden sich die Frauen wieder ihrem Lieblingsthema zu: dem „Patrão", dem Unternehmer, und dessen Besuch am nächsten Tag. Um wie viel Uhr er wohl ankommen wird? Und ob er wieder Schokolade mitbringt? „Köstlich ist die", schwärmt die rundlichere der beiden Frauen. „Letztes Mal habe ich nur ein winziges Stück probiert, vielleicht schenkt er mir dieses Mal eine ganze Tafel!" Schokolade kommt im Alltag der Kakaosammlerinnen nicht vor. „Viel zu teuer!", sagen beide Frauen und erklären mir: Luxuswaren wie Zucker und Schokolade bringt alle paar Monate ein Lebensmittelhändler per Boot. Der verkauft auch auf Pump, aber dafür sind seine Waren alle extrem überteuert. Deswegen versuchen die Dorfbewohner, sich so weit wie möglich selbst zu versorgen. „Wir verdienen ja kaum Geld", sagt die runde Ane. „Und bevor der Patrão gekommen ist, hatten wir nicht mal das Einkommen vom Kakao!" Auf dem besonders fruchtbaren Schwemmland am Flussufer bauen sie Maniok und Bananen an, Papaya und Tomaten. „Die Maniokernte war gut in diesem Jahr", erklärt Jacilda, die schmale ältere Frau, und lüftet den Deckel eines Tausend-Liter-Wasserspeichers, der im Vorraum des Hauses steht. Er ist fast bis an den Rand gefüllt mit Maniokmehl. „Das reicht locker bis zum nächsten Sommer!" Dann bringt ein Mückenschwarm die Unterhaltung zum Erliegen, weil wir wedeln müssen, was das Zeug hält. Ane verschwindet im Haus und kommt mit einem reichlich gefüllten Teller zurück: „Du hast sicher Hunger!" Ich hätte nie gedacht, dass Maniokmehl mit zerstampften Bananen und Bohneneintopf so lecker schmecken kann. Weil es mir unangenehm ist, den Leuten ihre knappe Nahrung wegzuessen, biete ich den Frauen meinen Reiseproviant an: zwei Äpfel und eine

Packung Cracker. Die Cracker lehnen sie dankend ab, aber die Äpfel verteilen sie unter allen Anwesenden.

Danach schlägt Jacildas Tochter vor, mich zum Flussufer zu begleiten, damit ich nach der langen Reise ein Bad nehmen könne. Tatsächlich fühle ich mich verschwitzt. Aber ich habe keinen Bikini dabei. Soll ich einfach so in den Fluss steigen, direkt hier beim Haus? Sieht mich da niemand? Das Mädchen kichert und zeigt auf ihre Freundinnen: „Wir stehen Wache und sagen den Männern Bescheid, dass sie nicht näher kommen dürfen", verspricht sie. Mindestens ein halbes Dutzend giggelnder und prustender Kinder begleitet mich zu meinem Open-Air-Badezimmer auf den Bootssteg. Neugierige Männer würden sie wohl fernhalten, aber sie selbst gucken ungeniert zu, wie ich mich aus meinen Klamotten schäle. Verschämt tauche ich zwischen Algen und Farnen unter, während die Kinder mein Handtuch und meine Kleidung festhalten – einen anderen trockenen Ort hätte es hier gar nicht gegeben. Als ich noch dabei bin, mir das Shampoo aus den Haaren zu waschen, springt neben mir eine andere Frau ins Wasser, und die braucht weder Bewacher, noch Kleiderhalter. Sie taucht einfach komplett angezogen unter, seift sich samt Kleidung ein, taucht erneut unter und stapft tropfnass und fröhlich winkend wieder davon. So geht das also. Hätte mir ja mal jemand sagen können! Auf dem rutschigen Bootssteg zu balancieren und mir dabei die Kleider über den nassen Körper zu ziehen, gelingt mir nur unter Verrenkungen, und meine Helfer amüsieren sich köstlich.

Wieder auf der Terrasse, merke ich, wie müde ich bin. Die Frauen verabschieden sich von mir als sei ich eine langjährige Freundin. Jacilda presst mich liebevoll an ihren Busen, und auch Ane drückt mich herzlich. Dann bringt mich Ronaldo zum Nachbarn, der mein Gastgeber sein soll. Allerdings ist der gar nicht zuhause. Für mich ist es ein seltsames Gefühl, das dunkle fremde Haus zu betreten, Ronaldo scheint es ganz normal zu finden. Im Schein einer Taschenlampe knüpft er für mich die Hängematte auf und befestigt das Moskitonetz darüber. Dann lässt er mich mit einem brennenden Kerzenstummel allein. Als der kurz darauf verlöscht, ist es so dunkel, als gäbe es kein Licht auf der Welt. Ich lausche den Geräuschen von Fröschen und Nachtvögeln, fühle mich einerseits gut aufgehoben mitten in der Natur, andererseits fremd und ein bisschen einsam. Wie mag es sein, so am Ende der Welt zu leben mit immer den gleichen Menschen um einen herum? Nur eine Handvoll Nachbarn, von denen man keinen austauschen kann, auch wenn er noch so nervt?

Als ich erwache, ist schon heller Tag. Mein Gastgeber scheint in der Nacht zurückgekommen zu sein – jedenfalls nehme ich an, dass der junge Mann, der mir gerade eine Tasse mit dampfendem Kaffee reicht, der Hausbewohner ist. Er stellt sich nicht vor, wünscht nur freundlich guten Morgen und fragt, ob ich gut geschlafen habe. Dann bringt er mir einen Blechteller mit Crackern und Bananen und erklärt, er müsse jetzt wieder los, den Kakao wenden. So frühstücke ich allein auf der Terrasse.

Bei Tageslicht erkenne ich eine Handvoll Holzhäuser, die sich ins Grün des Waldes einpassen. Kinder spielen zwischen schlanken Acaí-Palmen, ein Hund plätschert am Flussufer im Wasser. Plötzlich brummt ein Motor in der Ferne. „Sie kommen!", ruft jemand, und ich weiß nicht, ob ich mich freuen oder es schade finden soll, bald nicht mehr die einzige Fremde im Dorf zu sein.

Jacilda und Ane kichern verlegen, umarmen mich und verschwinden schnell in ihrer Küche, als das Boot anlegt. Wie Abgesandte aus einer fernen Welt steigen die Männer aus dem Boot: Paulo mit Tropenhut und seinen Fototaschen, Klaus in weißen Gummistiefeln und Rainer in gebügeltem Hemd und seinem beigefarbenen Baseball-Käppi. Angeführt werden sie von Alexandre, der eine Tüte voller Lebensmittel zu Jacilda in die Küche bringt: Zwei Hühner, getrocknete Bohnen und Reis hat er mitgebracht. Da auch die Männer des Dorfs nicht zu sehen sind, bietet sich Ronaldo an, dem Patrão die Kakaoernte zu zeigen, und geht voran bis zum Trockenboden.

Zufrieden betrachtet Klaus den ordentlich gezimmerten Holzbau, der hinter dem Dorf im Wald steht. Den hat sein Unternehmen ebenso finanziert wie die Schulungen für die Arbeiter. „Viele hatten Schwierigkeiten, zu verstehen, warum sie die Bohnen beim Trocknen wirklich alle zwei Stunden wenden müssen. Für den Geschmack ist das sehr wichtig, aber trocknen würden sie anders natürlich auch." Manche Schulungen seien mehrmals gelaufen, bis die Dörfler die Bohnenverarbeitung nach Wunsch der Schokoladenfabrikanten verinnerlicht hatten. Solche Details erfährt Klaus von Alexandre, dem Mittler zwischen den Welten. Weil auch der nur alle paar Wochen ins Dorf fährt, „wissen wir oft monatelang nicht, was genau mit unseren Investitionen passiert. Das ist eine echte Vertrauenssache", sagt Klaus, und es ist ihm anzusehen, dass so viel Vertrauen-Müssen ganz schön anstrengend sein kann.

Die trocknenden Kakaobohnen riechen stark und würzig, mein Gastgeber wendet sie gerade mit einem hölzernen Schieber. Einem Impuls folgend, zieht Klaus die Stiefel aus und schlurft barfuß mitten durch den Bohnenhaufen, wühlt genießerisch mit den Zehen darin. Er bückt sich, hebt eine Handvoll davon auf, schnuppert daran, zerreibt eine zwischen den Fingern. „Gute Ware", murmelt er und lächelt zum ersten Mal, seit er angekommen ist. „Für mich ist die Amazonas-Schokolade einfach unser bestes Produkt!" Paulo fotografiert jede Bewegung und lächelt ebenfalls. Sicher hofft er wieder auf seinen Aufmacher.

Auf dem Rückweg zu den Häusern umschwirren uns fröhlich schnatternde Kinder. Alexandre bittet uns, einen Moment zu warten, und sucht mehrere Häuser auf. Er will die Erwachsenen zusammentrommeln, weil Klaus eine Rede halten wird, erklärt mir Rainer. Schüchtern wie Schuljungen stehen die Männer auf dem Trampelpfad am Flussufer, der so etwas wie die Hauptstraße des Dorfes ist, und wissen nicht wohin mit ihren Händen. Klaus wirkt in der fremden Umgebung gar nicht wie der strenge „Patrão", als den ihn die Waldbewohner sehen. Mit leiser Stimme spricht er von gegenseitigem Vertrauen, vom Wert der zuverlässigen Arbeit und von der einzigartigen Schokolade, die aus dem Urwaldkakao entsteht. Dann ist die Rede zu Ende. Wie erleichtert öffnet er seine Tasche und zieht kleine Probiertäfelchen heraus. Unauffällig drängen sich die Kinder näher an ihn heran und greifen zu. Erst zögernd, dann immer mutiger. Klaus fotografiert ihre schokoladenverschmierten Münder mit seinem Smartphone und versucht gleichzeitig, all die bunten Papiere aufzusammeln, die sie achtlos auf den Waldboden fallen lassen. Die Erwachsenen haben sich wieder schüchtern in ihre Häuser verzogen, als hätten sie Angst vor dem großen Chef. Der wäre ihnen wohl gern ein bisschen näher gekommen und wirkt etwas enttäuscht, als er schweigsam auf Jacildas Terrasse sitzt. Lange bleibt er da sitzen, in sich versunken, den Blick auf den Fluss gerichtet. Ich bin froh, dass ich das Dorf nicht nur im Ausnahmezustand erlebt habe. Bald nach dem Essen ruft Alexandre zum Aufbruch: Der Weg ist weit, die Dunkelheit kommt früh, und außerdem wollen wir unterwegs ja noch einen Ausflug in den Urwald machen.

Alle sehen müde aus, als wir wieder ins Boot steigen. Vielleicht würde Klaus jetzt sogar auf seinen schwer behangenen Kakaobaum verzichten. Aber Paulo hat den Aufmacher noch nicht im Kasten. Es hilft alles nichts, wir müssen rein in die grüne Wildnis. Bootsführer Ronaldo hält an einer Stelle, wo das Gestrüpp so dicht ist, dass ich gar nicht weiß, wie wir da überhaupt hineinkommen sollen. Jeder rüstet sich auf seine Weise, so gut er kann: Klaus zieht seine schneeweißen Gummistiefel wieder an, Rainer besprüht seine Trekkinghosen mit Autan, und ich bin immer noch in Flipflops. Dann zückt Ronaldo eine Machete und schlägt uns einen schmalen Pfad frei. Nach den ersten Schritten bewege ich mich in großen Sprüngen über den morastigen Boden – auf der Flucht vor Heerscharen von Termiten, die aus einem fauligen Baumstamm angewuselt kommen und meine Beine entern wollen. Kaum bin ich ihnen entflohen, surrt ein Schwarm Moskitos auf uns zu. Im Nu zieren Klaus' von der Sonne gerötetes Gesicht ein halbes Dutzend Stiche. Bei jedem weiteren stöhnt Paulo auf und beschimpft die Insekten: „Hört sofort auf damit ihr verdammten Viecher, ich habe keine Maskenbildnerin dabei!" Dass er selbst nicht weniger zerstochen wird, stört ihn nicht, seine Stirn kommt ja nicht aufs Bild.

Unberührt von unseren Kämpfen stapft Ronaldo, seine Machete schwingend, weiter voran, auf der Suche nach dem beladenen Kakaobaum. Schwer atmend hält Klaus Schritt und murmelt: „So verrückt muss man erstmal sein, aus wildem Kakao Schokolade zu machen. Diese Wildernten sind unberechenbar." Er erzählt mir, dass in diesem Jahr angeblich dreißig Tonnen Kakao nach Bremen verschifft werden sollen. Aber sicher wisse er das erst, wenn die Schiffe in der Hansestadt ankommen. „Die Leute hier schätzen immer sehr optimistisch, im letzten Jahr kamen nur zwei Tonnen, eine Katastrophe!" Aber die Amazonasbohnen habe eben niemand sonst auf der Welt in seiner Schokolade. Bei diesen Worten glänzen seine Augen schon wieder, und der Entdeckerstolz überwiegt die Müdigkeit. Energisch stiefelt Klaus weiter durch den Wald.

Hier am Rand des Amazonaszuflusses gedeihen die schlanken Wildkakaobäume mit der dichten Krone im Schatten der Urwaldriesen. Um an ihre Früchte zu gelangen, müssen die Arbeiter die Bäume im Dickicht erst ausfindig machen. Dann holen sie die Früchte einzeln herunter, sammeln sie auf Haufen und tragen sie schließlich in Säcken auf dem Rücken bis ans Flussufer. Hundert Männer sind während der Ernte im Wald unterwegs und suchen auf fast tausend Kilometern Flussuferwald nach dem Grundstoff für die deutsche Schokoladenschöpfung. Wir sind schon nach den ersten paar hundert Metern mitgenommen, meine Flipflops versinken ständig im feuchten Boden, Klaus' helle Leinenhose und sein schwarzes Polohemd sind schweißdurchtränkt, Paulos Gesicht ist gerötet und ebenfalls schweißnass. Endlich entdeckt Ronaldo einen Kakaobaum: hoch, schlank und in der Krone dicht belaubt. An seinem Stamm reifen vier Früchte. Klaus guckt zweifelnd und ein wenig enttäuscht, aber Paulo wird resolut und drückt ihm bestimmt eine Frucht in die Hand, reicht mir einen Scheinwerfer und dirigiert uns mit knappen Befehlen: „Licht höher", sagt er, und: „Hör auf zu lächeln, Klaus, man sieht auf dem Bild, dass das hier kein Zuckerschlecken ist! Mach mal einen Schritt zur Seite. Vorsichtig, die Termiten!" Die Warnung kommt gerade rechtzeitig, beinahe hätte ich mich auf dem Baumstamm niedergelassen, in dem die Termiten hausen. Rainer sprüht schon wieder Autan nach, ich suche meine Füße nach eventuellen Stichen ab und bewundere insgeheim Paulo, der trotz seines städtischen Aussehens von uns allen am besten mit dem Dschungel klarzukommen scheint.

„Bei meinem Kompagnon klingt das immer so schön", stöhnt Klaus, „wenn er sagt: Das Amazonasabenteuer macht uns keiner nach, weil die Umstände so widrig sind – er kennt die ja nur aus meinen Erzählungen." Paulo zückt ein Tuch, wischt ihm den Schweiß von der glänzenden Stirn und fotografiert weiter. Plötzlich verklärt sich sein Blick, als ein einzelner Sonnenstrahl durch die Blätter genau auf die Frucht fällt: „Ja, das ist es, jetzt, perfekt!" Er überprüft die Bilder noch einmal auf dem Bildschirm und winkt zufrieden zum Aufbruch: „Jetzt können wir fahren!" Wir stolpern erschöpft durch Gestrüpp und Morast, Klaus' Stiefel sind längst nicht mehr weiß, und meine mit Schlamm verklebten Flipflops ziehen meine Füße so schwer nach unten, dass ich mich frage, ob diese Minimalausrüstung wirklich eine gute Idee war. Als wir endlich wieder im Boot sitzen, verfärbt sich der Himmel zartrosa, bald wird es dunkel sein. Ronaldo steuert uns mit Volldampf zurück Richtung Zivilisation. Und ich merke zu spät, dass ich sie nicht einmal probiert habe, die einzigartige Wildschokolade.

April

Die Schokolade werde ich wohl erst in Deutschland kennenlernen, aber zwei Kakaofrüchte, orangerot und prall, habe ich in meinen Koffer gepackt und teile sie mit meinen Freunden zuhause. Ankommen auf der Insel fühlt sich inzwischen tatsächlich wie Nachhausekommen an: Polho hat sich rührend um die Blumen in meinem Garten gekümmert, der kleine Hund Rocco fühlt sich als Wächter der Terrasse so wichtig, dass er sogar mich anbellt, und Adriana ruft gleich am ersten Abend an, um zu fragen, wann ich sie endlich wieder besuchen komme. Als ich von meinem Kakaoabenteuer berichte, erzählt sie mir, dass eine Freundin von ihr auch Schokolade herstellt. Im Süden von Bahia, wo der Kakao ebenfalls im Wald wächst. Diese Freundin lebe sehr abgelegen in einer Art Kommune am Ufer eines großen Flusses, der parallel zum Strand fließe. „Tania wollte ich immer schon mal besuchen", sagt Adriana, „lass uns doch zusammen hinfahren!" So schnell wollte ich gar nicht wieder wegfahren, ich bin ja gerade erst angekommen. Andererseits interessiert mich der Bundesstaat Bahia, weil dort die afrikanischen Wurzeln Brasiliens besonders stark und die Strände besonders idyllisch sein sollen. Ich frage Adriana nach dem Namen des Orts, an dem Tania lebt. „Itacaré", sagt Adriana, „findest du leicht im Internet. Und guck dir gleich auch noch Ilhéus an."

An den Namen Ilhéus erinnere ich mich von der Lektüre meines ersten Buchs auf Portugiesisch: „Gabriela wie Zimt und Nelken" von Jorge Amado. Das habe ich auf der großen Brasilienreise mit meiner Freundin damals gekauft, lange bevor ich fließend Portugiesisch konnte. Die leidenschaftliche

Liebesgeschichte zwischen dem Kneipenbesitzer und der Köchin und die vielen Intrigen im Kleinstädtchen Ilhéus haben mich auch so in ihren Bann gezogen. Allerdings hatte ich vergessen, dass Ilhéus seinen Reichtum dem Kakao verdankt. Bei meiner Internetrecherche entdecke ich außerdem Fotos von menschenleeren Buchten, die sich in das dunkle Grün des Regenwalds schmiegen. Am nächsten Morgen rufe ich Adriana an, und sie schlägt vor, gleich nach Ostern nach Bahia zu fahren.

„Ostern gibt es doch die Paixão de Cristo", sagt sie, „da will ich unbedingt hin, du nicht?" Die Leiden Christi? Was soll das sein? Eine Art Freilufttheater, erklärt mir Adriana, in einem winzigen Dorf in der trockenen Steppe, nicht weit von Recife entfernt. Dort werden in der Karwoche jedes Jahr Passionsspiele aufgeführt. „Mit den besten Schauspielern der Globo!", sagt meine Freundin begeistert. „Der Ort Brejo ist so klein, da triffst du die Schauspieler nach der Aufführung auf der Straße!" Mit dem größten TV-Sender Brasiliens, Rede Globo TV, habe ich seit meinem ersten und einzigen Telenovela-Abend keinen Kontakt mehr gehabt. Aber das Freilichttheater in der Steppe und die Aufführung an sich reizen mich schon.

Am Karfreitag lädt mich Patrícia zum Mittagessen ein. Längst ist sie von meiner Schönheitsassistentin zur Freundin geworden. Beim Nägel-Lackieren erzählt sie mir von ihren Sorgen, weil der Verehrer ihrer Mutter ständig bei ihnen isst: „Der futtert da ohne weiteres drei Steaks weg – und du weißt, Geld ist bei uns nicht gerade im Überfluss vorhanden!" Umso mehr wundere ich mich, als ich pünktlich um ein Uhr auf Patrícias Terrasse eintreffe. Ihre Mutter hat gleich mehrere Bistrotische zusammengeschoben und darauf ein verführerisch duftendes Buffet aufgebaut: Es gibt Bohneneintopf mit Kokosmilch, Krebsfleisch in Kokosmilch, eine Art Kohl in

Kokosmilch, Fisch in Kokosmilch, Garnelen in Kokosmilch und sogar in Kokosmilch gekochten süßen Reis. „Alles mit Kokos zu kochen ist bei uns Ostertradition", erklärt mir Patrícia. Außerdem hat Patrícias Mutter Fátima Langusten gekocht und ein Soufflé mit Muscheln gebacken. Ganz zu schweigen von den Salaten mit Früchten und Nüssen, die auch noch auf den Tischen stehen.

Patrícia freut sich sichtlich darüber, wie beeindruckt ich bin und erklärt: „Meine Mama hat vor vielen Jahren ein Gelübde abgelegt. Wenn damals ihr Wunsch erhört würde, hat sie gelobt, jedes Jahr zum Karfreitag ein Festmahl auszurichten und viele Menschen dazu einzuladen." Offenbar ist der Wunsch in Erfüllung gegangen. Für uns fünf auf der Terrasse – Patrícia, ihre Mutter, ihre Schwester, den Verehrer und mich – ist eindeutig viel zu viel Essen da. Ich bin noch bei der Vorspeise, Kürbiscreme mit Kokos, als eine alte, zahnlose Frau auftaucht und um ein Almosen bittet. Betteln ist auf der Insel normalerweise nicht üblich, aber vielleicht kennt die Alte den Brauch des Festmahls? Jedenfalls lädt Fátima sie großzügig ein. Ebenso verfährt sie mit zwei entfernten Cousins, die auf dem Fahrrad vorbeiradeln und rufen: „Riecht aber gut bei dir, Cousine, was gibt's denn?" Bald kommen weitere Gäste hinzu, und Patrícia geht zwischendurch immer wieder in die Küche, Teller spülen, weil nicht genug da sind. Ich bin inzwischen beim süßen Reis und überlege gerade, ob ich noch einmal nachnehmen soll, als Patrícia mich ansieht und kichert. „Guck mal in den Spiegel", fordert sie mich auf, „dein Bauch ist so rund, als wärst du mindestens im fünften Monat!" Tatsächlich fühle ich mich fast so schwerfällig und bleibe nach dem Essen einfach in Fátimas Schaukelstuhl sitzen, bis die Sonne schwächer wird. Als ich mich die paar Straßen weiter bis zu meinem Haus geschleppt habe, erwartet mich Polho mit einem Teller in der Hand. Darauf prangt ein großzügig bemessenes Stück einer fünfstöckigen Torte. „Von meiner Tante“, erklärt er, und fügt dann flüsternd hinzu: „Sie backt jedes Ostern so einen großen Kuchen, wegen einem Gelübde, aber das ist geheim.“

Am nächsten Tag hole ich Adriana ab, und wir fahren mit der U-Bahn bis zum Busbahnhof. In Brasilien gibt es kein Bahnnetz, wer verreist, tut das entweder im eigenen Pkw, im Flugzeug oder im Reisebus. Deswegen besitzt jede Stadt einen außerhalb gelegenen Busbahnhof. Der von Recife ist so groß wie ein Flughafen. Und ähnlich wie am Flughafen kauft man die Tickets nicht an einem allgemeinen Schalter, sondern bei der jeweiligen Busgesellschaft. Wir fragen uns durch, wer nach Brejo da Madre de Deus fährt (übersetzt so etwas wie „der Sumpf der Gottesmutter“), zeigen unsere Ausweise vor und bekommen für umgerechnet weniger als zehn Euro einen ellenlangen Computerausdruck als Ticket. Der Bus ist erstaunlich komfortabel mit Klimaanlage, Toilette und Videobildschirm. Darüber flimmern während der Fahrt allerlei Werbefilme. Ich lasse mich vom gleichmäßigen Schaukeln in den Schlaf wiegen und erwache erst, als Adriana mich anstupst: „Wir sind gleich da!“

Wir fahren gerade durch eine verlassene Gegend, die so karg aussieht, als könne hier niemand überleben. Dann tauchen die ersten Häuser von Brejo auf. Der Ort ist ein langgezogenes Straßendorf, in dem alles mit Staub bedeckt scheint: Häuser, Autos und sogar die Esel, die Karren mit Bier, Kokosnüssen oder anderen Waren ziehen. Entlang der Straße stehen mit Planen bedeckte Stände, ähnlich wie bei der Cowboymesse. Adriana und ich lassen uns zwei Kokosnüsse köpfen und essen zu dem süßen Getränk eine frittierte Teigtasche mit Käse. Dann ertönt ein Gong. „Es geht gleich los“, erklärt uns die Standbesitzerin und kramt eilig nach unserem Wechselgeld. Wir lassen uns mit dem Strom der Menschen die nur grob befestigte Straße hinuntertreiben bis zum Freilichttheater. Wie bei einer römischen Festung sind vor den lehmroten Mauern berittene Wachen in leuchtend roten Mänteln postiert, und ich fühle mich in der lauen Dämmerung zurückversetzt ins altertümliche Jerusalem.

Das Theater ist ein mehrere Hektar großes Gelände, und wir sammeln uns wie neugieriges Fußvolk vor einer erleuchteten Bühne, auf der Jesus mit seinen Jüngern gerade das letzte Abendmahl einnimmt. Plötzlich verlöschen die Scheinwerfer, und wir stehen im Dunkeln, bis weit hinter uns ein anderes Licht aufflammt. „Da geht es weiter", ruft jemand, und alle setzen sich in Bewegung. So fühlen wir uns mitten im Geschehen. Pilatus scheint sich direkt an uns zu richten, als er fragt: „Wen soll ich freilassen, Jesus oder Barrabas?" – Und ich ertappe mich dabei, wie ich den Atem anhalte, während ich auf die Antwort warte. Die lautet natürlich wie in der Bibel geschrieben – auch wenn einige im Publikum dagegen anschreien –, und kurz darauf schreitet ächzend Jesus an uns vorbei, das schwere Holzkreuz fest auf seinem Rücken verzurrt.

Als alles vollbracht und der Jesusdarsteller in einer Art Nebelwolke in den Himmel aufgestiegen ist, fällt es mir schwer, in die Gegenwart zurückzukehren. Ein ziemlich kühler Wind bläst über die Steppe, und Tausende Besucher drängen in Richtung Ausgang. Adriana hat es zum Glück nicht so eilig. „Der Beleuchter da drüben hat uns auf die Party der Schauspieler eingeladen", verkündet sie. Wie sie das wohl so schnell organisiert hat? Die Truppe ist in einer Pension direkt auf dem Theatergelände untergebracht, zu der nur Gäste Zutritt haben. Theoretisch. Praktisch schaut der Mann an der Rezeption galant zur Seite, als uns Adrianas Bekannter in den stilecht mit Öllampen beleuchteten Garten winkt. Da räkelt sich Maria Magdalena in einer Hängematte zwischen dornigen

Bäumen, wandelt der auferstandene Jesus über Natursteinplatten – und es ist, als setze sich das Stück hier fort, auch wenn der Gottessohn gerade wenig würdevoll in sein Smartphone spricht. Bei einem frischen Fruchtcocktail beobachte ich das Treiben und bin ganz zufrieden, dass Adriana und der Beleuchter so in ihr Gespräch vertieft sind, dass ich mich ausklinken kann. Unterm weiten Himmel, an dem viel mehr Sterne zu leuchten scheinen, als ich in Deutschland je gesehen habe, fühle ich mich wieder einmal seltsam geborgen. Später kommt Adriana und erzählt mir, dass die Party jetzt bei der Familie der Theaterbesitzer weitergehe. Die Frau des Theatergründers lade ein.

Die Grande Dame ist um die siebzig, heißt Diva und macht ihrem Namen alle Ehre: Mit Marlene-Dietrich-Turban und Zigarettenspitze hält sie Salon – im Innenhof eines typischen Hinterlandhäuschens mit gebranntem Zementfußboden, kleinen Fenstern mit hölzernen Läden und vielen Familienfotos an den Wänden. Sie hat offenbar erwartet, dass sich die Menschen nur um sie scharen würden, und wirkt etwas beleidigt, als sich an diesem Abend alle um den Jesus drängen, der wohl der Superstar einer Telenovela ist. Da ich mich als Einzige abseits halte, kommen wir ins Gespräch. Diva erzählt mir, wie sie ihren Mann für verrückt hielt, als der alles verkaufte, was er besaß, um das Freilufttheater zu bauen. „Der Bau hat Jahre gedauert, weil er so besessen war, dass sogar die Lehmziegel für die Mauern exakt nach derselben Methode hergestellt werden mussten, wie damals in Jerusalem!" Diva schenkt mir Whisky nach und zündet sich eine neue parfümierte Zigarette an.

Ursprünglich wurden die Passionsspiele mit Laienschauspielern aufgeführt, Diva gab die Maria Magdalena und nähte alle Kostüme selbst, und ihr Mann – eigentlich Journalist – fungierte als Regisseur. „Mit den Jahren kamen immer weniger Zuschauer“, klagt Diva, mit vom Whisky schon etwas schwerer Zunge. „Und dann bot uns Globo TV an, uns die Schauspieler auszuleihen.“ Es ist der alten Dame anzuhören, dass sie sich abgeschoben gefühlt hat, als sie plötzlich nur noch für die Kostüme zuständig sein sollte. Und jetzt stiehlt ihr der TV-Jesus auch noch zuhause die Show. Das Jungvolk hat inzwischen die Biervorräte geleert und ruft zum Aufbruch in die Dorfkneipe. „Die hat doch längst zu“, gibt Diva zu bedenken. „Macht nichts“, ruft ihre Tochter, die sich vertraut beim Jesus eingehängt hat, „ich klopfe den Tonio einfach aus dem Bett.“ Da fällt mir ein: Ich habe immer noch kein Bett. Adriana scheint sich mit ihrem Flirt abgesetzt zu haben. Ob ich um die Uhrzeit überhaupt noch irgendwo unterkomme? Unverhofft erweist sich Diva als Rettung: „Quatsch, du brauchst kein Hotelzimmer“, bestimmt sie. „Im Nebenhaus habe ich noch zwei leere Schlafzimmer, da quartieren wir dich ein!“

So lande ich in einem nach Seife duftenden kleinen Zimmer mit gescheuertem Dielenfußboden und frisch bezogenem Bett. Offenbar habe ich das ganze Haus für mich allein. Wem es wohl gehören mag? Auch Diva? Sie hat mir erzählt, dass sie sich vor zwei Jahren doch noch von ihrem Mann getrennt habe, weil der jetzt sogar auf dem Theatergelände wohne, das sei ihr zu eng geworden. Nach einer ruhigen Nacht erwache ich frühmorgens von einem zarten Glockenläuten vor dem Fenster. Als ich den Laden öffne, sehe ich eine endlose Ziegenherde die unbefestigte Straße entlang trippeln und hüpfen: Morgens ist Brejo wieder tiefstes Hinterland, ganz ohne Glamour.

Auf meiner Uhr ist es sieben Uhr morgens, wohl keine Uhrzeit, um eine Dame zu wecken, die am Vorabend ein paar Whiskys mehr getrunken hat. In der Küche meines Hauses finde ich nur Mineralwasser, also mache ich mich ohne Frühstück auf den Weg. Nachdem ich vergeblich an der Bushaltestelle gewartet habe, erklärt mir ein alter Mann, dass am Sonntag keine Busse nach Brejo fahren. Klapprige Landroverkarren übernehmen den Transport bis zum nächsten Busbahnhof. Gemeinsam mit einem halben Dutzend anderer Passagiere klemme ich mich in den Laderaum und lasse mich noch einmal richtig durchrütteln. Stunden später vertreibe ich Polho und Rocco aus der Hängematte auf meiner Terrasse und hole ein bisschen Schlaf nach.

Adriana meldet sich erst am übernächsten Tag wieder. Sie sei gerade aus Brejo zurückgekommen, erzählt sie, kenne jetzt alle Schauspieler und sogar die Kneipen. „Nach dem Ostersonntag ist da so was von tote Hose, das kannst du dir gar nicht vorstellen!" Deswegen sei der Beleuchter mit ihr nach Recife gekommen. „Er wohnt jetzt erstmal bei mir", sagt sie. Aha. Und unsere Reise? Adriana druckst etwas herum und rückt dann damit heraus, dass sie jetzt auf keinen Fall weg könne, wo sie diesen tollen Mann kennengelernt habe. Aber deswegen müsse ich doch die Reise nicht absagen! In der Kommune Piracanga sei es paradiesisch schön, und es gebe immer reichlich Meditationen und Vorträge. „Da langweilst du dich auch allein nicht!" Bevor ich antworte, hole ich erst einmal tief Luft. In Brasilien brauche ich in zehn Monaten mehr Spontaneität und Gelassenheit als in Deutschland in einem ganzen Leben.

Wenige Tage später sitze ich allein im Überlandbus von Salvador nach Itacaré im Süden des Bundesstaates Bahia. Die Landschaft hier ist das Gegenteil vom Hinterland in Pernambuco: saftiges Grün auf beiden Seiten, immer wieder unterbrochen von schmalen Bächen und breiten Flüssen. Itacaré ist ein lässiges Surferstädtchen, in dem es sogar ein Café gibt. Dort bestelle ich mir einen Milchkaffee und ein Stück Schokoladentorte und beobachte die Passanten. Ein junges, sportlich aussehendes Paar, winterbleich direkt aus Europa eingeflogen, ist mit schweren Rucksäcken auf der Suche nach einer Unterkunft. Ein Rastafari mit einem Surfboard unter dem Arm flirtet mit zwei einheimischen jungen Frauen in so knappen Shorts, wie ich sie vermutlich auch nach zehn Jahren Brasilien nie tragen werde. Dann lenkt mich eine Stimme ab, die mich auf Spanisch anspricht. Eine Frau im Hippiekleid will mir selbstgemachte Ohrringe aus Federn und Perlen verkaufen. Als sie weitergezogen ist, bemerke ich das schwarze Brett des Cafés, an dem Plakate Yogakurse und Tanzunterricht ankündigen. Es gibt auch einen Hinweis auf einen Meditationskurs in der Kommune Piracanga, zu der ich morgen fahren möchte. Das Sammeltaxi, in dem ich einen Platz gebucht habe, wird mich morgens um sechs im Hotel abholen. Deswegen schlendere ich vor dem Schlafengehen nur kurz übers Kopfsteinpflaster bis ans Meer, wo im seichten Wasser einzelne Fischer- und viele Ausflugsboote vertäut liegen. Am Horizont steigt goldgelb ein fast voller Mond aus dem Wasser, und aus der Fußgängerzone dringen Reggaeklänge bis zu mir.

João aus Piracanga hat kurzgeschorene Haare wie ein Mönch und stammt aus Portugal. In der Kommune kümmert er sich um Müll und um Transport, erklärt er mir ungefragt und wirkt dabei sehr zufrieden. Rund 200 Menschen sollen dort leben. João konzentriert sich jetzt auf die Straße, die man schwer als solche erkennen kann: Sie besteht aus unregelmäßigen Kratern in rissigem rotem Lehm. Im Winter ist sie sicher unpassierbar. Irgendwann weicht der Lehm grobem Sand, und dann sind wir auch schon da. João stellt den Wagen in einer Parklücke ab und erklärt mir, ich könne mich im ganzen Dorf frei bewegen, solle aber um Himmels Willen nicht den Hund streicheln, falls ich ihm begegne: Das sei der Wächter von Piracanga, und er möge keine Annäherungen von Fremden. Dann deutet er vage geradeaus und sagt: „Da hinten ist das Restaurant, da bekommst du jetzt gerade noch Frühstück!“

Ein schmaler Pfad im Sand führt zu einem zu allen Seiten offenen Gebäude aus Holz und Palmfasern, in dem fast alle der roh gezimmerten Tische und Bänke besetzt sind. Vor allem junge Menschen, viele auffallend schlank und mit leuchtenden Augen. Die Gespräche sind leise und werden immer wieder von Lachen unterbrochen. Die Atmosphäre ist angenehm entspannt. Es fällt im Gegensatz zum Rest Brasiliens auf, dass niemand Kaffee trinkt, raucht oder auf sein Smartphone eintippt. Auch Drogen sind in Piracanga unerwünscht. Auf dem Buffet stehen zwei Karaffen mit Wassermelonensaft, Schüsseln mit Obstsalat und Haferbrei, mit Haferplätzchen mit Sesam, Süßkartoffeln und gekochten Yamswurzeln. Als ich mir ein zweites Mal den Teller füllen möchte, ist leider schon abgeräumt, und ich sehe den Hinweis, dass die Essenszeiten jeweils nur vierzig Minuten betragen. Völlerei ist offenbar auch nicht gewollt.

An der Rezeption muss ich ein Registrierungsformular ausfüllen, danach begleitet mich eine strahlende junge Frau zu meinem Zimmer. Sie geht über Wiesen bis zum Flussufer, an dem einige Rundhütten stehen. Darin sind die Gästezimmer untergebracht: Auf dem glatten Zementboden stehen aus Stämmen und Ästen gezimmerte Betten und Regale, ein Vorhang trennt das Bad ab, in dem gerade Platz für eine Dusche und eine Toilette ist. Schilder weisen darauf hin, dass mitgebrachte Kosmetikartikel lieber nicht benutzt werden sollten, um das Gewässer nicht zu belasten. Als Ersatz liegt ein kleines Stück Kokosseife auf dem hölzernen Waschbecken, das laut Schild auch zum Haarewaschen gut sein soll. Nachdem ich meine Tasche abgelegt habe, zieht es mich wieder ins Freie. Einen Schlüssel gibt es nicht, also schiebe ich den

Holzriegel von außen vor und gehe wieder zum Fluss, der gemächlich dahinfließt. Dahinter muss der Strand liegen, das Meer ist nicht zu sehen, nur der goldgelbe Sand. An einem über den Fluss gespannten Seil ist ein Floß befestigt, auf dem gerade eine fröhlich lachende Gruppe in Badekleidung übersetzt.

Die ganze Szenerie wirkt auf mich wie im Film: Entspannte Menschen liegen und sitzen in Grüppchen oder allein im Gras, auf Holzliegen und -bänken, manche lesen, andere sitzen in Meditationshaltung, keiner erhebt die Stimme, niemand spricht ein Schimpfwort, über allem schwebt eine friedvolle Stimmung. Auffallend viele Kinder sind dabei, und alles scheint auf sie ausgerichtet: Die geschwungenen Formen der Architektur, die frohen Farben der Innenräume, die Spielsachen, die überall in großen Weidenkörben bereitliegen. Auf den Holzbänken im Restaurant liegen sogar kissenartige Aufsätze, damit die kleinen Menschen gut an die Tischplatten heranreichen. Die meisten tollen einfach nackt herum, während ihre Eltern in Gespräche oder Lektüre vertieft sind: Sie müssen sich keine Sorgen machen, es gibt ja weder Autos noch sonstige Gefahren, vor denen die Kleinsten zu schützen wären.

Kern der Kommune, die sich als Zentrum zur Entstehung einer neuen Welt versteht, ist die Gemeinschaft Inkiri. Deren Grundlage ist die Idee, dass jeder Mensch auf der Welt sei, um seinen von Gott gewollten Traum zu verwirklichen. Die meisten Menschen kennen ihren Traum nicht, da sie nicht mit dem göttlichen Anteil ihres Selbst in Verbindung stehen. Täten sie das, wäre das menschliche Zusammenleben friedlicher, glücklicher und erfüllter. So steht es in einem schmalen Büchlein, das ich im Inkiri-Shop gekauft habe, wo es außerdem fantasievolle Flattergewänder gibt, selbstgebundene Notizbücher, hausgemachte Kosmetik und allerlei Kunsthandwerk. Es heißt: „Willkommen in der neuen Welt“, besteht aus kurzen Texten und vielen Fotos, auf denen alle glücklich aussehen, tanzen, singen und das Leben genießen.

Als ich aufblicke, steht eine der fröhlichen Frauen aus dem Buch vor mir: „Hallo, ich bin Amélia, wir sind nach dem Mittagessen zum Aura-Lesen verabredet.“ Woran sie mich wohl erkannt hat? Amélia sieht aus wie eine Geschäftsfrau auf Urlaub. Wie mag sie nach Piracanga gelangt sein? Bereitwillig setzt sie sich neben mich ins Gras und erzählt: Sie lebte in Rio und war mit ihrem Freund in Bahia auf Reisen. Dabei kamen sie in der Kommune vorbei und blieben dort einen Tag. Danach fuhren sie weiter, weil Amélia alles „viel zu abgelegen war“. Nach dreißig Kilometern drehten sie wieder um. Amélia hatte in der Nacht die Erkenntnis geträumt, sie müsse ihr Leben in der Kommune verbringen. Das ist sieben Jahre her, und seitdem leben die beiden in Piracanga. „Nichts ist mehr, wie es war – nur mein Freund ist derselbe.“ Amélia lacht. In Rio war sie Mitinhaberin einer Eventagentur und irgendwie unzufrieden. Jetzt sagt sie: „Bei meinem ersten Aura-Reading-Kurs habe ich gemerkt, dass ich das den Rest meines Lebens machen will.“ Dann erklingt ein Gong. „Mittagessen“, sagt Amélia, „lass es dir schmecken!“ Sie selbst läuft leichtfüßig über den Sand in die Gegenrichtung davon.

Bei Auberginenröllchen und Vollkornreis komme ich mit zwei Frauen an meinem Tisch ins Gespräch. Beide essen so langsam, als sei jeder Bissen eine ganze Mahlzeit. „Wir haben gerade den Prozess hinter uns“, verkündet Morena, als müsse ich wissen, was das bedeutet. Dann erklärt sie mir, dass der Prozess ein vierzehntägiges Fasten-Retreat ist, bei dem der Körper Krankheiten verbrennen und der Mensch seine Träume besser erkennen soll. „Meine Diabeteswerte sind jetzt top!“, sagt sie zufrieden. Ihre Nachbarin Alice ist so schlank, dass sie fast durchscheinend wirkt, und sie erzählt, dass sie in den ersten Tagen ihres Prozesses vor allem mit den Kakerlaken in ihrem Zimmer gekämpft habe. „Besonders spirituell war das nicht!“ Aber dann sei ihr einiges über ihr Leben klar geworden. Mehr will sie nicht erzählen, und ich habe den Verdacht, dass sie niemals zugeben würde, beim Prozess keine tieferen Erkenntnisse gewonnen zu haben.

Nach dem Essen holt mich Amélia ab und führt mich in ein kleines, weiß gestrichenes Zimmer. Sie bedeutet mir, mich auf einen Stuhl zu setzen, und nimmt mir gegenüber Platz. Beim Aura-Lesen, sagt sie, nehme sie Kontakt mit meinem höheren Selbst auf und empfange so Nachrichten an mich. Sie würde jetzt die Augen schließen und sich durch eine Meditation vorbereiten, dann fange sie an zu sprechen. Dabei möge ich sie nicht unterbrechen, um den Fluss nicht zu stören. Gespannt warte ich, während Amélia still dasitzt. Plötzlich geht es los, und die Worte sprudeln nur so aus ihr heraus. Sie spricht über meinen Beruf, in dem ich eine neue Orientierung finden solle, mehr zum Positiven, nicht nur Kritisches behandeln. Zu viele negative Themen färbten sonst auf mein Leben ab. Dann rät sie mir, nicht so viele Pläne auf einmal zu schmieden, sondern öfter zur Ruhe zu kommen – und sagt mir gleichzeitig voraus, ich würde in nächster Zeit mehrere Reisen machen. Klingt alles einleuchtend, aber auch einigermaßen allgemein gehalten. Aber dann geht es um mein Privatleben. Und da scheint sie sich ebenso gut auszukennen wie Papai, der Candomblé-Priester in Recife. Sie deutet zielsicher auf meine Schwachstellen und sagt mir einiges, was ich nicht so gerne höre. Alles läuft darauf hinaus, dass ich wohl mein Leben dauerhaft verändern muss. Mir schwirrt der Kopf nach der Sitzung, und ich suche mir erstmal einen einsamen Platz am Flussufer. Dort lausche ich dem Rauschen, bis sich meine Gedanken wieder halbwegs geordnet haben.

Die Dämmerung wirkt wie ein Weichzeichner auf die Szenerie vor meinen Augen: Die rustikalen Hütten, die Hibisken, Bougainvilleen und Kakteen sehen aus wie mit Aquarellfarben gemalt. Zwischen Cashewbäumen leuchten einladend bunte Lampions über einem Holzdeck, auf dem niedrige Tische und Kissen verteilt sind. An einer Theke verkaufen zwei junge Mädchen Acai-Mus und Vollwertschokokuchen, dazu Fruchtsäfte und Tee. An einem der Tische ist noch ein Platz frei, neben einem überschlanken Mann mit leuchtend blauen Augen und mehreren Kindern, die um den Tisch toben. Gabriel stellt sich als einer der Gründer von Piracanga vor. Wie es mir denn gefalle? Vermutlich kennt er die Antwort schon: Die paradiesische Landschaft zusammen mit der fröhlichen leichten Atmosphäre begeistern garantiert jeden Besucher. „Weißt du, ich sage es nicht jedem, aber wir haben noch ein einziges Grundstück zu verkaufen, hier auf dem Gelände ...", setzt Gabriel jetzt in vertraulichem Ton hinzu. „Wenn du magst, kann ich es dir morgen zeigen!" Zuerst fühle ich mich geehrt, dann wundere ich mich, wieso gerade ich, eine absolut Unbekannte, die Auserwählte sein sollte, das letzte Grundstück zu erwerben. Wohl doch eher ein Marketingtrick. Ich lenke ab, indem ich Gabriel nach Adrianas Freundin Tania frage. Vielleicht kann er mir helfen, sie hier zu finden. „Tania", sagt er nachdenklich. „Es war mal ein Mädchen hier, die so geheißen hat, aber sie ist nicht lange geblieben. Wenn ich mich richtig erinnere, ist sie nach Serra Grande gezogen, südlich von hier." Direkt danach entschuldigt er sich, und ich habe den Eindruck, sein schwindendes Interesse an mir könne an meinem mangelnden Interesse an der Immobilie liegen.

An mir vorbei strömen immer mehr Menschen zu einer großen, offenen Rundhütte nebenan. Ein junger Mann in weiten Batikhosen und ebenso blauen Augen wie Gabriel lädt mich ein: „Wir haben jeden Abend einen Vortrag hier, der ist für alle offen!“ Zu meiner Überraschung ist er selbst der Vortragende. Er wartet, bis sich alle hingesetzt haben, schließt die Augen und beginnt zu sprechen, als lese er die Worte in seinem Inneren. „Lasst uns einen Moment zur Ruhe kommen und spüren, was um uns ist, die Natur, das Meer, die Sterne. Das ist das Wesentliche. Alle unsere Gedanken und Sorgen machen wir uns nur selbst.“ Er spricht langsam und sorgfältig formuliert über Prioritäten im Leben, über Entscheidungen, Ängste und verhärtete Herzen. Seine Worte berühren mich, als seien sie direkt an mich gerichtet. Als er geendet hat, verzichte ich auf das Abendessen und gehe gleich zu meinem Zimmer. Darin finde ich zum Glück keine Kakerlaken, sondern eine Karaffe mit frischem Wasser und duftende Bettwäsche. Durch die Wände aus Palmstroh lausche ich dem Rauschen des Meeres, bis ich einschlafe.

Am nächsten Tag schließe ich mich morgens einer Yogagruppe am Strand an und lasse mich nachmittags in einem der luftigen Behandlungsräume massieren. Danach fühle ich mich so ausgeruht und leicht wie schon lange nicht mehr. Trotzdem reizt es mich nicht, auf Dauer hierzubleiben. Jedes Mal, wenn ich aus der Ferne Gabriel entdecke, drehe ich unauffällig ab, ich habe keine Lust auf weitere Verkaufsgespräche. Als ich in der Küche nach einem zweiten Glas Saft fragen möchte, sind die Köchinnen gerade dabei, heftig zu streiten. Sobald sie mich entdecken, lächeln sie strahlend und erklären, der Saft sei leider schon alle. Irgendwie habe ich den Verdacht, es ließen sich eine Menge Macken im Paradies entdecken, wenn ich nur länger bliebe.

Also buche ich für den nächsten Tag bei João einen Platz nach Itacaré. Mit mir fährt ein Pärchen aus São Paulo, das einen Workshop für Kreistänze gemacht hat und von dem unglaublichen Erlebnis schwärmt, in einer Vollmondnacht am einsamen Strand mit lauter Gleichgesinnten zu singen und zu tanzen. Das stelle ich mir auch sehr schön vor. Murilo und Maia sind so begeistert, dass sie überlegen, nach Piracanga zu ziehen, sagen sie. Sie hätten unglaubliches Glück, weil Gabriel ihnen das letzte Grundstück gezeigt habe, das noch zum Verkauf steht. Nur leider sei eine Europäerin auch stark daran interessiert. Deswegen müssten sie sich sehr schnell entscheiden. Ob mit der Europäerin ich gemeint bin? Zutrauen würde ich dem Kommunengründer so viel Geschäftssinn ohne weiteres.

In Itacaré verabschieden wir uns, und ich fahre mit dem Bus weiter nach Serra Grande. Das ist ein kleines, hoch über dem Meer gelegenes Dorf mit einem großen Dorfplatz voller Kokospalmen. In einem leuchtend lila gestrichenen Haus entdecke ich einen Secondhandshop und kaufe mir gleich einen Pulli, denn hier oben ist es viel kälter als am Meer. So ausgestattet miete ich mir ein Zimmer in der Pension „Wunderbar". Die heißt wirklich so; ihre Besitzerin Andreia hat ein paar Jahre in Deutschland gewohnt. Ob Andreia Tania kennt? „Klar", sagt sie, Tania wohne nicht im Dorf, sondern auf einer Kakaofarm, aber sie käme sicher am Samstag zum Dorffest: „Da verkauft sie ihre Schokolade, die musst du unbedingt probieren!"

Mai

Serra, wie die Einheimischen es nennen, gefällt mir ausgesprochen gut. Andreia erklärt mir, wie ich über einen steilen Fußweg hinab in eine einsame Bucht steigen kann, die von Regenwald und Kokospalmen umgeben ist. Ein klarer Wildbach stürzt über Felsen direkt neben den Strand in ein aus Natursteinen geformtes Becken hinunter, Lilien blühen leuchtend gelb im Gras, die Sonne strahlt am Himmel. Ich schlage mir an einem Stein eine Kokosnuss auf und kann es kaum fassen, dass ich die ganze Schönheit für mich allein habe. Beim Aufstieg zurück ins Dorf höre ich dumpfe Trommelklänge, die mich an den Maracatu in Recife erinnern. Ich folge der Musik bis zu einer großen Halle, an der ein Schild steht: Barracão d'Angola. Symbolische Zeichnungen deuten an, dass hier Capoeira trainiert wird. Die Tür steht offen, und neugierig gehe ich hinein. In dem riesigen Saal dröhnt der Klang von drei Congas, an denen ein Schwarzer, ein Weißer und ein kleines Mädchen sitzen. Dazu tanzen vielleicht ein Dutzend Frauen nach Art der Anhänger des Candomblé. Es ist, als diktierten die Trommeln ihre Bewegungen, lieferten ihnen die Energie, immer weiter zu tanzen, obwohl ihnen schon der Schweiß auf der Stirn steht. Fasziniert bleibe ich stehen und sehe zu, bis die Trommeln irgendwann verstummen. Capoeira kann das aber nicht sein, das ist doch eine Art Kampf! Der Weiße kommt auf mich zu und fragt, ob er mir helfen kann. Er ist sehr muskulös und strahlt eine starke Energie aus. Ob er der Lehrer hier ist? Ich erkläre, dass ich mich für Capoeira interessiere, und frage ihn, was das gerade für eine Stunde war. Afrotanz, sagt er. Morgen früh sei die nächste Capoeira-Anfängerstunde, sagt der Mann mit dem graumelierten Kinnbärtchen und lädt mich ein, daran teilzunehmen. „Trau dich ruhig“, sagt er, als ich zögere und stellt sich mit einem festen Händedruck vor: Cabello.

Nur eine weitere Schülerin außer mir ist morgens im Saal. Durch die Panoramafenster ist das Meer zu sehen, es muss außer der Bucht noch einen langen Sandstrand geben. An den Wänden hängen Plakate von Capoeira-Events in der ganzen Welt, bei denen die Präsenz von „Meister Cabello“ angekündigt wird – auf Englisch, Finnisch, Hebräisch. Der Meister stellt gerade Musik an; das für Capoeira typische einsaitige Berimbau erklingt, Trommeln und eine raue Stimme, die von Freiheit singt. Sportmatten liegen im Kreis bereit. Dann geht es los. Sit-ups, Dehnübungen, Liegestütz und Handstand, bei dem ich nach Bruchteilen von Sekunden wackelig zusammenbreche. Cabello ist schon wieder bei Bauchübungen, Dehnen, Brücke, Bauchübungen, Liegestütz. Schwitzend bemühe ich mich, mitzuhalten. Auch die andere Schülerin stöhnt. Aber Cabello macht immer weiter, als wolle er uns zeigen, was es heißt, wirklich fit zu sein. Als ich denke, die Stunde ist vorbei, sagt er: „Okay, jetzt lass uns ein bisschen spielen.“

Er winkt mich zu sich heran, hockt sich mir gegenüber und beginnt das Spiel. Ich versuche ihn zu imitieren: erst ein Rad zur Seite, das habe ich zuletzt als Kind geschlagen! Dann schwingt er ein Bein zu mir rüber, unter dem ich mich gerade noch wegducke. „Gut“, lobt er, und darüber verpasse ich, seinem anderen Bein auszuweichen. Cabello stoppt den Angriff mitten in der Luft und lacht: „Bei Capoeira darfst du nie unachtsam sein, keine Sekunde!“ Und weiter geht es, ich drehe und wende mich unter seinen Attacken, bis mir der Schweiß rinnt. „Guck nicht in mein Gesicht“, sagt Cabello, „die Bewegung entsteht hier in der Körpermitte, wenn du mein Gesicht ansiehst, kann ich dich täuschen!“ Dann ist die andere Schülerin dran, und ich merke erst jetzt, wie schwer mein Atem geht, so sehr war ich auf das Spiel konzentriert. Michele duckt sich geschickt zu allen Seiten. Schlägt Haken und Räder und schafft es gelegentlich sogar, einen Angriff zu platzieren. Cabello scheint sich mit uns Anfängerinnen zu amüsieren, dreht Pirouetten und bleibt im Handstand stehen, erhebt sich aus der Brücke zur Seite und ist überhaupt so beweglich wie ein Gummimensch. Das möchte ich auch lernen!

Zum Abschluss drückt er uns jeder ein Tamburin in die Hand und macht vor, wie der Rhythmus klingen soll: Tom-ta-tom, mit Betonung auf dem zweiten Schlag. Zuerst halte ich die Trommel an der falschen Seite und dämpfe so ungewollt ihren Klang. Beim nächsten Versuch schlage ich zu weit am Rand. Geduldig korrigiert Cabello uns immer wieder. Irgendwann scheinen Haltung und Technik so weit akzeptabel, dass er eines der Capoeira-Lieder anstimmt: Der Meister singt vor, wir antworten. Es ist nur ein kurzer Refrain, den wir wiederholen – aber an Cabellos belustigten Blicken merke ich, wenn ich über das Singen mal wieder das Trommeln vergesse.

Nach dem Training fühle ich mich wie mit Energie aufgeladen – obwohl meine Muskeln schmerzen. Am nächsten Tag erwache ich mit dem schlimmsten Muskelkater meines Lebens. Ich wusste gar nicht, dass ich so viele Muskeln habe. Ganz langsam wandere ich zum langen Strand am Fuß des Felsens, auf dem Serra liegt. Endlos dehnt er sich und ich versuche, den Schmerzen einfach durch noch mehr Bewegung beizukommen: ich laufe und laufe und laufe, bis ich an eine Flussmündung gelange. Dort bleibe ich im warmen Wasser liegen wie in einem medizinischen Solebad und gucke kleinen Krebsen zu, wie sie zwischen den Wurzeln der Mangrovenbäume wuseln. Hier sind die Strände am Samstag so leer wie auf der Insel nur an Winterwochentagen. Auf dem Rückweg kaufe ich mir in der einzigen Bar eine grüne Kokosnuss gegen den Durst. Und dann kommt just in dem Moment ein Bus vorbei, als ich mich frage, wie ich den langen Aufstieg schaffen soll. Am Platz steige ich aus und entdecke in einem kleinen gelben Haus ein Café, wo ein vegetarisches Mittagsgericht angeboten wird. Satt, zufrieden und müde komme ich in der Pension an. „Leg dich doch eine Runde hin!", sagt Andreia, „heute Abend ist Dorffest, und dazu soll Cabello einen Musiker aus São Paulo eingeladen haben."

Eine ganze Reihe Stände sind auf dem Dorfplatz aufgebaut. Ein Hippie hat Holzskulpturen auf einem Tuch ausgebreitet, ein Bärtiger mit indischem Turban verkauft in Makramee eingefasste Edelsteine, seine Frau belegt Teigfladen mit allerlei Füllungen, ein strahlender Blonder hat Kakaobohnen mit oder ohne Karamell im Angebot, und Kinder stehen vor einem Trampolin Schlange. Mitten auf dem Rasen baut Cabello seine Trommeln und eine Verstärkeranlage auf. Neben ihm richtet ein kleingewachsener grauhaariger Mann mit Schiebermütze und einem Berimbau in der Hand sein Mikrophon und sagt: „Guten Abend Serra Grande! Ich freue mich, hier zu sein. Und jetzt spiele ich euch den Berimbau-Blues!" Tatsächlich entlockt er dem archaischen Saiteninstrument Bluesnoten wie im tiefsten Chicago. Ich sitze auf dem Rasen, lausche dieser wunderbaren Musik und kann gar nicht glauben, dass ich im Süden von Bahia in einem 3000-Seelen-Dorf bin. Erst als ich schon im Bett liege, fällt mir auf, dass ich Tania und die Schokolade gar nicht gesehen habe.

Am nächsten Tag kaufe ich an einem Obststand bei der Bushaltestelle als Ersatz ein halbes Dutzend hausgemachte Kokoskrokantstücke mit Kakao. Die Cocadas schmecken so köstlich, dass es mir schwerfällt, die Mitbringsel für die Freunde nicht schon im Flugzeug aufzuessen. Zuhause gibt es Neuigkeiten: Patrícia kann mich nicht mehr verschönern, weil sie jetzt einen festen Job hat. Das erzählt sie mir vor Freude strahlend bei einer Abschieds-Maniküre-Sitzung. Sie hat an der Rezeption des Schutzzentrums für Seekühe Peixe-Boi angefangen. „Es gibt ja hier kaum Jobs", sagt sie. „Entweder man arbeitet für einen Hungerlohn an der Kasse von einem Supermarkt oder lässt sich als Hausangestellte herumkommandieren. Im Peixe-Boi kann ich den ganzen Tag sitzen und muss nur Eintrittskarten verkaufen!" Am nächsten Morgen steige ich zum ersten Mal in den „Trenzinho", ein bunt angemaltes offenes Gefährt, das mir bisher zu touristisch war. Tatsächlich lassen sich mit mir lauter Insulaner die Morgenluft um die Ohren wehen. Kunsthandwerker und Köchinnen, Kellner und Kneipenbesitzer fahren zum holländischen Fort, dem wichtigsten Ausflugsziel auf der Insel. Ich steige eine Haltestelle vorher aus und lasse mich von Patrícias Kollegen Paulo durch die Anlage des Centro Peixe-Boi bis zu den Becken mit den unförmigen, zentnerschweren Tieren, die so sanft blicken, führen. Unbeholfen wirken sie und sehr freundlich. Sie gleiten gemächlich durchs Wasser und scheinen sich in den geräumigen Becken wohlzufühlen. Das Zentrum beherbergt vorübergehend Tiere, die sich in Fischernetzen verfangen haben oder von Bootsmotoren verletzt gestrandet sind. Aus dem ganzen Nordosten Brasiliens werden sie nach Itamaracá gebracht. Eine bestimmt zweieinhalb Meter lange Seekuh-Dame sei schon sechzig Jahre alt, erklärt mir Paulo. Xica ist das Maskottchen des Zentrums. Normalerweise werden die Tiere ins Meer zurückgebracht, sobald sie genesen sind, aber Xica hat sich nicht mehr an ihren natürlichen Lebensraum gewöhnt.

Nachdem ich einen Kurzfilm über das Leben der Tiere gesehen habe, wandere ich am Strand entlang Richtung Festung. Der Sand scheint mir heute besonders weiß, das Meer besonders leuchtend türkis, und aus der Strandkneipe direkt an der Festungsmauer ruft mir der Besitzer entgegen: „Hey Galega, heute habe ich frischen Fruchtsaft, trinkst du einen?" Ich setze mich auf einen Ananassaft zu Barriga – seinen Spitznamen „Bauch" verdankt er dessen wirklich imposanten Ausmaßen – und erinnere mich, wie er mich anfangs als „Gringa" bezeichnet hat. Dass er mich inzwischen Galega, also „Blonde" nennt, nehme ich als Kompliment. Barriga beschwert sich, weil wenig los sei und das Meer den Strandsand vor seiner Kneipe wegschwemme. Das sagt Barriga jedes Mal, wenn ich bei ihm Pause mache, als gehöre es zu einem Ritual. Dabei ist gerade Ebbe, und der Strand liegt weit und flach. Deswegen beschließe ich, die vier Kilometer ins Dorf zurückzulaufen. Eigentlich könnte jetzt schon die Regenzeit anfangen, aber noch strahlt jeden Tag die Sonne, als wisse sie nichts von den Jahreszeiten. Weit draußen tuckern ein paar Fischerboote, die zu ihren Netzen fahren, sonst ist außer mir niemand unterwegs. Mir wird ein bisschen wehmütig bei dem Gedanken, dass meine Zeit in Brasilien bald zu Ende gehen soll.

Auf dem Heimweg sehe ich, dass auf der Terrasse von Patrícias Mutter mal wieder ihr Verehrer sitzt und gemütlich zu Mittag isst. Fátima lädt auch mich großzügig ein: „Es gibt Krebsfleisch in Kokossauce, das magst du doch so gern!" Während ich das pikante Essen genieße, fällt mir wieder einmal auf, wie hier gerade diejenigen, die am wenigsten haben, dieses Wenige besonders bereitwillig teilen. „Ich habe mich zu bedanken – für die leckere Cocada", wehrt Fátima meinen Dank ab. Dann fragt sie mich, ob ich Lust habe, am nächsten Tag mit ihr Krebse fangen zu gehen. Na klar! „Aber da musst du früh aufstehen", warnt sie mich, „im Mangrovensumpf wird es sonst unerträglich heiß!"

Die Sonne scheint noch schüchtern, als sie mich morgens

um sechs abholt. Fast erkenne ich die sonst immer geschminkte und sorgfältig Ton in Ton gekleidete Fátima nicht: Sie trägt ein ausgeleiertes weites T-Shirt, eine Schirmmütze, schlabberige Bermudas und nicht mehr ganz saubere Turnschuhe. „Zieh dir besser etwas anderes an", sagt sie und deutet auf mein Top: „Darin verbrennst du dich!" Auf einer Schotterstraße, die vom Strand wegführt, geht sie in flottem Tempo voran, vorbei an den üblichen unverputzten Backsteinhäusern, aber auch an einzelnen windschiefen Hütten aus Ästen und Lehm, deren Palmwedeldächer mit Plastikplanen ausgebessert sind. „Hier ist der Fortschritt noch nicht angekommen", kommentiert Fátima. Selbst an den bescheidensten Bauten klebt eine Parabolantenne – ich glaube nirgends wird so viel TV gesehen wie in Brasilien, wo es sogar eigene Zeitschriften gibt, die sich nur mit den Hauptfiguren der Novelas beschäftigen. Jetzt biegt Fátima in einen schmalen Pfad ein, der zu rechteckig in den Lehmboden gegrabenen Wasserbecken führt. „Früher wurde hier Salz gewonnen", erklärt sie, „inzwischen werden die Becken zur Garnelenzucht genutzt." Sonnenstrahlen glitzern auf der Wasseroberfläche und blenden mich, während Fátima auf einem der schmalen schlammigen Grate zwischen den Becken balanciert. Etwas unsicher folge ich ihr. Inzwischen bin ich froh, mein Top gegen eine Bluse eingetauscht und eine Schirmmütze aufgesetzt zu haben.

Zwischen den Mangroven ist es schattiger, dafür gibt es nicht einmal mehr einen Grat, auf dem sich balancieren ließe: Der Boden besteht aus grauem Schlamm, aus dem sich die Wurzeln der Bäume in die Luft wölben. Darüber klettern wir – Fátimas Tempo lässt dabei kaum nach, und ich bleibe schnell ein ganzes Stück hinter ihr zurück. Im Schlamm sind zahlreiche Löcher zu sehen, so groß wie meine Handfläche und offenbar tief. Darin leben die Krebse. Zielstrebig versenkt Fátima ihre vorbereiteten Köder aus Hühnerhautstückchen in einigen der Eingänge und geht weiter. Ich stolpere ihr hinterher durch diese fremde Welt, in der flirrende Sonnenstrahlen sich zwischen Blättern brechen und bizarre Luftwurzeln meterhoch aus dem Schlamm ragen. Schweiß rinnt mir in die Augen, meine Bluse klebt am Oberkörper, meine Füße sind mit einer grauen Schicht überzogen und sehen aus wie aus Ton geformt. Als ich denke, ich kann bald nicht mehr, sagt Fátima plötzlich: „Geschafft!" Fünfzig Köder habe sie ausgelegt. Sie strahlt mich an: „Morgen können wir sie einholen." Meint sie das ernst? Morgen das Ganze nochmal von vorn?

Während wir uns schwitzend und schwer atmend über die Wurzeln wieder zurücktasten, wird mir klar, dass Fátima es normal findet, so viel Aufwand für ein bisschen Krebsfleisch zu betreiben. Ihre Einladung zum Essen letztens weiß ich jetzt noch mehr zu schätzen. „Natürlich, dafür bekomme ich die Krebse ja auch kostenlos!", lautet die Antwort, als ich frage, ob sie das öfter macht. „Viel anstrengender als das Sammeln ist das Auslösen des Fleischs!" Krebsfleisch auslösen ist eines der Dinge, die ich vermutlich auch in einem ganzen Leben in Brasilien nicht lernen würde. Wie und wo genau die Beine geknackt und umgebrochen werden, damit das Fleisch unzermatscht herausgezogen werden kann, ist eine Kunst, die man als Kind lernen muss. Ebenso wie Samba tanzen. Als ich Fátima das sage, lacht sie noch mehr. „Dann tanz doch Ciranda! Das ist kinderleicht und gibt es jeden Samstag in der Bar von Lia am Strand." Was kenne ich eigentlich noch alles nicht auf der Insel? Weder von der Ciranda noch von Lia hatte ich bisher etwas gehört.

Zuerst habe ich vor, zum Ciranda-Abend meine engsten Freunde hier einzuladen. Ein bisschen unsicher bin ich dabei, denn die Welten von Patrícia und Adriana sind fast so verschieden wie Deutschland und Brasilien. Aber dann löst sich alles von allein: Patrícia kann nicht, weil sie am nächsten

Morgen früh arbeiten muss. Fátima kann nicht, weil sie kürzlich doch noch ihren Verehrer erhört hat – und der mag es nicht, wenn sie allein ausgeht. Also lade ich nur Adriana ein, die ich seit meiner Rückkehr aus Bahia noch gar nicht angerufen hatte. Im Gegensatz zu mir kennt sie Lia. „Das ist die berühmteste Ciranda-Sängerin Brasiliens!", sagt sie. Lia trete sogar im Ausland auf. Von dem tollen Mann in ihrem Leben sagt sie nichts. Der hat sich offenbar schon wieder erledigt. So viel Diskretion habe ich von den Brasilianern inzwischen gelernt: Ich frage nicht nach.

Wer am Samstagabend zuerst bei mir auftaucht, ist Polho mit Rocco. Der Kuschelkarton des kleinen Hundes auf meiner Terrasse war leer gewesen, als ich angekommen war. Jetzt erfahre ich: Polhos Tante hatte die beiden mit in die Stadt genommen zum Geldauftreiben. „Mein Vater gibt nur mir Geld, er sagt, die Tante kauft lieber Bier als Essen", erzählt Polho freimütig. Recht hat er, aber genutzt hat dem Vater die Finte wenig – die Party ist bereits in vollem Gang, und der Junge fragt mich sehnsüchtig: „Darf ich mit zur Ciranda?" Seine Tante erlaubt mir, ihn mitzunehmen. Nur Adriana guckt ein wenig enttäuscht, als ich ihr eröffne, welche männliche Begleitung wir haben. Vielleicht bilde ich es mir nur ein, aber ich habe das Gefühl, das rustikale Ambiente hier auf der Insel ist ihr eher fremd.

Fátima hat mir gesagt, wir sollten unbedingt die Straße nehmen, der Strand sei nachts am Wochenende nicht sicher. Als ich denke: „Ach was, ich habe mich in Brasilien noch nie unsicher gefühlt", fällt mir mein Erlebnis mit dem Revolverhelden zu Beginn meiner Zeit hier ein. Also gehen wir übers Kopfsteinpflaster bis zur Bar von Lia: einem runden mit Stroh gedeckten Pavillon direkt am Strand, in dem eine Band bereits den schwerfälligen Rhythmus der Ciranda angestimmt hat. Vor allem Frauen haben sich eingefunden und im Sand einen großen Kreis gebildet. Ein altes Mütterchen mit Dutt und steifem Sonntagskleid hält seine Enkelin oder Urenkelin an der Hand, daneben tanzen zwei Mädchen in Shorts und eine Schwangere. Alle Altersklassen sind vertreten, nur wenige von Männern begleitet. Ich halte Polho an der Hand, und Adriana zieht uns neben einer schüchternen vielleicht Zwölfjährigen in den Kreis. Extra deutlich macht sie uns die Schrittfolge vor. Es geht immer seitwärts, mal mit einem akzentuierten Ausfallschritt nach vorn, mal mit einem nach hinten. Dazu singt eine große Schwarze mit heiserer Stimme. Um ihren Kopf hat sie einen Turban geschlungen, den Körper in eine Art Tunika gehüllt und wirkt darin wie eine afrikanische Königin. „Sie muss bald siebzig sein", sagt Adriana mir ins Ohr, „das sieht man ihr überhaupt nicht an!" Und dann tanzen wir nur noch. Immer im Kreis, zu den nie enden wollenden Liedern von Lia. Durch die Kokospalmen sehe ich, wie der Mond am Himmel höher steigt, bis er das Meer in silbrigen Glanz taucht. Plötzlich hält mir jemand von hinten die Augen zu. Es ist Edson, ganz in Weiß gekleidet und nach Kräutern duftend. Ob er von einem Candomblé-Fest kommt? Bevor ich ihn fragen kann, hat uns die Ciranda wieder in ihren Bann gezogen. Auch Polho tanzt voller Hingabe, als habe er das sein ganzes Kinderleben lang getan.

Es ist schon spät als wir zu viert zurücklaufen. Polho ist müde geworden und reitet abwechselnd auf meinen und auf Edsons Schultern. Adriana scheint sich doch noch der Schönheit der Natur zu öffnen: Der Mond erhellt den Strand mit seinem sanften Schein, unzählige Sterne leuchten. Wieder fällt mir meine nahe Abreise ein. Deutschland vermisse ich überhaupt nicht, und hier habe ich noch so vieles vor! Capoeira möchte ich lernen und noch viel öfter am Strand reiten und Ciranda tanzen. Edson unterbricht meine Gedanken: „Hast du dir eigentlich überlegt, ob du das Bori-Ritual machen möchtest? Morgen fahre ich zu Manoel Papai und könnte ihn danach fragen!" Das Ritual hatte ich ganz vergessen! Ich möchte es unbedingt machen, bevor ich abfahre und bitte Edson, für mich einen Termin mit dem Priester zu vereinbaren.

Wenige Tage später überbringt mir Edson die Anweisungen von Manoel Papai: Am nächsten Tag soll ich mich dort einfinden und dabei Kleidung tragen, die ich nicht mehr benötige, denn sie wird im Ritual zerstört. Mitbringen soll ich weiße Kleidung für drei Tage. So lange werde ich in der Kammer neben dem Tempelraum bleiben. Danach werde ich entlassen und brauche dafür eine Garnitur neue weiße oder wenigstens helle Kleidung. Für die Zutaten berechnet der Priester umgerechnet ungefähr sechzig Euro. Drei Tage sind eine lange Zeit in einer kleinen Kammer. Edson merkt, dass ich unsicher werde und bietet an, mich zu begleiten.

Es ist ein seltsames Gefühl, in meiner ältesten Bermudas neben ihm im Bus zu sitzen. Beinahe hätte ich mir Bücher für die einsamen Tage mitgenommen, aber dann beschließe ich, mich ganz auf das Abenteuer einzulassen. Papai begrüßt mich mit dem üblichen schelmischen Lächeln und klopft mir beruhigend auf die Schulter, als er Edson verabschiedet: „Am Sonntag früh kannst du deine Freundin wieder abholen!" Stolz hole ich vier dicke Kerzen aus meiner Tasche: Dieses Mal habe ich sie nicht vergessen. Papai öffnet die Tür zum Tempel, bedeutet mir, die Schuhe auszuziehen, und geht voran. „Da wir noch nicht mit Sicherheit wissen, welche Gottheiten für dich zuständig sind, werde ich die ersten beiden für die Götter des Hauses anzünden, Iemanja und Oxalá." Im Nebenraum ist eine Schilfmatte auf dem Boden ausgebreitet, darauf liegen ein kleines Kopfkissen und zwei Bettlaken. „Hier wirst du übernachten", sagt Papai zu mir. „Auf solchen Matten haben die Sklaven früher ihr ganzes Leben lang geschlafen, ich hoffe, es wird dir nicht zu hart."

Im kleinen Badezimmer steht eine Emailleschüssel mit einem stark duftenden Kräuterbad bereit. Der Priester führt mich hinein und singt dabei Verse im melodisch klingenden Yorubá. Er stellt sich hinter mich und reißt mit einer schnellen Bewegung die Seite meines T-Shirts auf. Als auch meine Bermudas und meine Unterwäsche von einem Messer aufgeschlitzt zu Boden fallen, komme ich mir ziemlich schutzlos vor. Papai murmelt weiter Gebete und bestreicht mich mit einer streng riechenden Pomade aus einem Tontiegel, die Energie auf mich zu übertragen scheint. Dreimal muss ich mich um mich selbst drehen. Dann drückt er mir wieder die dunkle cremige Seife in die Hand, die ich vom letzten Besuch kenne. Ich soll mich von oben bis unten einseifen, auch die Haare, mich erst mit Wasser abspülen und dann mit dem Kräuterbad begießen. Meine zerrissene Kleidung packt er in eine Plastiktüte und nimmt sie mit sich, als er den Raum verlässt. Während ich alle Anweisungen befolge, höre ich draußen Hühner gackern. Ob für mich auch Tiere geopfert werden?

Nach der Dusche fühle ich mich leicht und befreit. Ich ziehe mir ein weißes Kleid über und lege mich auf die Schilfmatte, die tatsächlich ganz schön hart ist. Durch ein kleines vergittertes Fenster kann ich ein Stück blauen Himmel sehen. An einer Wand steht ein altes Holzregal mit zwei Reihen Büchern. An der anderen blättert die weiße Farbe. Ein verschlissener weißer Vorhang trennt die vielleicht sechs Quadratmeter der Kammer vom Tempelraum. Hier werde ich also jetzt bleiben. Erstaunlicherweise fühlt sich das gerade angenehm an. Ich muss mich um nichts sorgen. Bei diesen Gedanken werde ich schläfrig und schließe die Augen. Als ich wach werde, steht neben mir ein Glas Wasser und ein Teller mit Mango- und Papayastückchen, zwei Bananen und ein paar Crackern. Ich esse alles auf und merke, wie ich wieder müde werde. Ob das schon die Wirkung des Rituals ist?

Zwischen Schlafen und Dämmern verbringe ich den ganzen Tag. Einmal betritt eine grauhaarige Frau meine Kammer und bringt mir ein Mittagessen aus Reis und Hühnerbrust sowie weitere Früchte. Sonst unterbricht nichts meine Einsamkeit. Als es schon dunkel ist, weckt mich Papai. Er ist in Begleitung der grauhaarigen Dame und bedeutet mir, noch einmal zu duschen, denn jetzt begänne bald das eigentliche Bori. Ein bisschen wundere ich mich selbst, wie vertrauensvoll ich mich in diese Welt der afrikanischen Magie begebe, aber irgendwie habe ich das sichere Gefühl, dass alles genau so sein muss, wie es gerade ist. Folgsam setze ich mich auf einen Schemel im Tempelraum und sehe zu, wie Papai und die Frau, die er „Mae Janda" nennt, mit Räucherwerk und Kräutern hantieren. Sie sprechen Gebete und singen, und Papai wirft mehrmals die Orakelmuscheln, ohne mir zu erklären, was sie ihm sagen. Irgendwann reibt mir Mae Janda Haare und Kopfhaut dick mit einer Paste ein, die aussieht, als könne sie auch Tierblut enthalten. Darüber wickelt sie eine Art Turban und erklärt mir, den müsse ich über Nacht aufbehalten. Das Bori sei eine spezielle Art des Opfers an die Götter, eine Art Nahrung für den Kopf, sagt sie. Es soll meinen Kopf darauf vorbereiten, meine zuständige Gottheit zu empfangen. Diese Vorbereitung scheint für den Kopf einigermaßen anstrengend zu sein, jedenfalls bin ich schon wieder sehr müde, obwohl ich die ganze Zeit nur herumliege. Im Tempelraum flackern mehrere Kerzen, und im Bücherregal raschelt etwas. Als ich nachsehen will, huscht verschreckt eine kleine Maus durch die Kammer. Ich frage mich, ob sie wohl an der Paste auf meinem Kopf interessiert sein könnte.

Während der Nacht weckt mich immer wieder das Rascheln der kleinen Mitbewohnerin, und am nächsten Morgen bin ich in einem seltsam halbwachen Zustand, in dem mir die Welt wie in Watte gepackt erscheint. Meine Hüftknochen und die Wirbelsäule schmerzen von der harten Unterlage. Trotzdem fühle ich mich weder ungeduldig, noch unzufrieden, sondern harre wunschlos den Dingen, die da kommen werden. Es kommen weitere Früchte und ein weiteres Mittagessen aus Huhn, Reis und Salat. Und viele Stunden, in denen ich Gedanken und Bilder durch meinen Kopf ziehen lasse. Dabei zeichnet sich immer deutlicher ein Wunsch ab: Ich möchte noch nicht nach Deutschland zurückfahren.

Auch in der nächsten Nacht holt mich die kleine Maus wiederholt aus dem Schlaf, und die Schilfmatte ist nur eine hauchdünne Schutzschicht auf dem Zementboden. Morgens scheint die Sonne durchs Fenster. Mae Janda bringt mir eine gefüllte Emailleschüssel, die stark nach Blüten duftet, Lavendel vielleicht. Noch einmal soll ich die Duschprozedur absolvieren, erst mit der braunen Seife, dann mit dem Badewasser. Danach darf ich meine neuen Kleider anziehen. Federleicht schlüpfe ich in die neue weiße Jeans und ziehe das bestickte Top über. Papai erwartet mich an seinem langen Tisch, wo er das Muschelorakel wirft. Lange betrachtet er das Ergebnis, schüttelt fast ungläubig den Kopf und sagt dann zu mir: „Es ist, wie ich es dir gesagt hatte: Gleich zwei Gottheiten liegen sich in den Haaren, welche von ihnen für dich zuständig ist! Die afrikanischen Götter haben die Deutsche richtig fest in ihre Arme geschlossen!“ Mir ist, als könne ich diese Umarmung körperlich spüren. Wunderbar beschützt fühlt sich das an. Papai murmelt ein paar Worte auf Yorubá und wirft die Würfel erneut. Dann lächelt er mich an: „Du hast keine große Sehnsucht, in deine Heimat zurückzukehren, was?“, fragt er. „Kein Wunder, denn jetzt ist auch hier deine Heimat: Oyá hat dich als ihre Tochter anerkannt und wird immer für dich da sein.“ Der Priester sagt noch eine Menge anderer Dinge, aber die rauschen an mir vorüber. Ich kann nur noch eines denken: Ich bin jetzt hier zuhause.